AF607499

OLIMPO

Joseph M. Walker

Seres fabulosos de la mitología

· *Mitología e historia* ·

Joseph M. Walker

Seres fabulosos de la mitología

SERES FABULOSOS DE LA MITOLOGÍA

Edita: Olmak Trade S.L.
C/ Roca Plana 1
08110 - Montcada i Reixac
Barcelona (España)

www.olmaktrade.com
info@olmaktrade.com

Impreso en España / Printed in Spain

I.S.B.N: 978-84-16827-34-3
Depósito Legal: B 22581-2024

INTRODUCCIÓN

Cabe definir la Mitología como un conjunto de leyendas más o menos maravillosas con el que, a falta de mejores explicaciones, los hombres han tratado de contestar a los numerosos «porqués» que se han ido representando ante su mente.

La sucesión del día y de la noche, los cambios de las estaciones, las tempestades, las inundaciones, las tormentas o las erupciones volcánicas, por ejemplo, no podían dejar de inquietarles… Algunos de estos fenómenos, como la llegada de las temporadas, les causaban gran admiración; y otros, como la furia de los elementos, les espantaban. No dejaban de preguntase el «porqué» de esto o de aquello, o si ciertas cosas no podían ser de otra manera… Y estos fueron los numerosos e inquietantes interrogantes que debieron plantearse, y a los cuales trataron de dar respuestas acordes con su medio y su cultura.

Al principio fueron…

Dado que ignoraban las causas de los fenómenos, acabaron llegando a creer que se debían a la acción de espíritus invisibles. Aceptaron, en suma, la existencia de espíritus guardianes del rayo, del trueno, de la lluvia, etcétera, en los que todavía creen algunas poblaciones que no han salido de un estado muy primitivo.

Como entre los primitivos el propio ser constituía la medida de todos los demás, primero animales y plantas y después todas las cosas fueron imaginadas como dotadas de cuerpo y alma, en la medida que asimilaban este último concepto. El parentesco del hombre con todo lo existente fue lógica consecuencia de lo anterior.

Así fue como se originó el culto de la Naturaleza, de los ríos, de los mares, de los animales, de los totems, etc. (lo que dio origen a ciertos tabúes y extrañas costumbres); y llegados a este momento, iniciaron el camino del politeísmo superior de los pueblos semicivilizados o ya civilizados, haciendo su aparición entonces las divinidades del viento, de la lluvia, del sol, del fuego, de la luna... En otro sentido se forman dioses que presiden las diversas fases y funciones de la vida humana: dioses del nacimiento, de la agricultura, de la guerra, de la muerte, etcétera, y en relación con ellos el «Padre de los dioses» (el «Dios Supremo»).

El miedo a la muerte, la perplejidad suscitada por determinados fenómenos inteligibles, tales como los astros, los sueños, el sexo, la esperanza y las ansias de una superior protección ante la desvalidez y las incontrastables adversidades de la vida, contribuyeron a forjar mitos e ídolos en las antiguas civilizaciones, como la egipcia o la mesopotámica.

Los más remotos pueblos civilizados supusieron que los fenómenos naturales eran causados por entes sobrenaturales mucho más poderosos que los hombres. De aquí resultó una multiplicidad de deidades benéficas o malignas a las que debía rendirse culto y ofrecer sacrificios para lograr su favor o apaciguar su ira. Sin embargo, no todos los dioses creados por la imaginación de aquellas gentes tuvieron la misma importancia; los hubo «mayores» o «menores», según la mayor o menor trascendencia de los actos de la vida que presidieran. Finalmente, surgieron seres superiores al hombre, aunque por debajo de los dioses aun de los de menor categoría; éstos fueron los que ciertas mitologías llaman «héroes», «genios», «mensajeros»...

Las ideas religiosas generalmente asumen formas simbólicas y místicas. En torno a la existencia imaginaria de los dioses la fantasía de los pueblos fue tejiendo los mitos; es decir, narraciones fabulosas que tratan de explicar tales creencias con relieves humanos y maravillosos... ¿Acaso no denominaron los aborígenes de Norteamérica, «el Caballo de Hierro» a las primeras locomotoras?, así lo hicieron porque no tenían otras referencias para establecer comparaciones o dar un nombre... Así, los mitos reflejan muchas veces sucesos o personajes recogidos por la leyenda, deformados luego por la interpretación popular y la poesía… ¿No se tiende a exagerar determinadas noticias, hasta hacerlas irreconocibles…? Ciertamente algunos mitos son enigmáticos, contradictorios y absurdos; pero responden, sin duda, a la necesidad humana de alzar el espíritu a niveles sobrenaturales, y a ensueños y enigmas sólo asequibles a la poesía y a la fe.

Dos de los más peculiares aspectos de la Mitología son las concepciones teogónicas (origen de la divinidad) y las cosmogónicas (origen del universo), y al respecto, no dejan de sorprender las analogías que se advierten entre las creencias de los distintos pueblos; tal vez porque el espíritu humano, situado en parecido nivel de cultura, reacciona de igual o parecido modo frente a tantas y tan grandes incógnitas que se le presentan, lo que viene a demostrar que el deseo del hombre ha sido igual en todas las partes y en todas las épocas.

Una vez que el mito ha nacido, evoluciona, se desarrolla oralmente y luego es fijado por la escritura (así se explican las versiones o variantes que muchos de éstos presentan, y tendremos ocasión de ver, siquiera parcialmente). El mito expresa las relaciones misteriosas entre lo divino y lo humano. La Mitología, sin llegar a confundirse con la Religión, guarda con ella estrechas relaciones politeístas y de carácter antropomórfico.

Muchos personajes mitológicos son seres divinizados por la admiración de los pueblos; de este modo los mitos eran relatos de acontecimientos históricos determinados (el caso de la fundación de Roma por los gemelos Rómulo y Remo, amamantados por una loba), y los dioses, divinizaciones de reyes o héroes (recordemos lo que pensaban los nativos del Nuevo Mundo ante la llegada de los españoles), y estos héroes —situados entre lo divino y lo humano— fueron considerados como iniciadores del saber o fundadores de ramas o pueblos históricos. Actualmente, los mitólogos consideran más importantes la participación de los poetas en la formación de los mitos y la de los sacerdotes en su evolución.

Nada tenía pues de extraño, la idea de suponer poblados los bosques, las aguas, los campos o los montes de ciertas entidades menores, que podían ser favorables o adversas. Si algo iba mal en una casa o comunidad, a falta de mejor explicación se hablaba de «duendes» o «genios», que podían ser malignos o traviesos, simplemente (de la misma forma que un inoportuno apagón de luz o cualquier percance que pueda sufrir un electrodoméstico, podría ser cargado en la cuenta de la aviesa Bruja Averías. Remitimos a nuestro libro *Sucesos enigmáticos*); si los campesinos creían que su duro trabajo cundía más de los habitual, no se les ocurría atribuirlo a la buena suerte o a sus esfuerzos, sino a ciertos seres más o menos diminutos y discretos, que les ayudaban.

Desde este mismo ángulo podríamos juzgar muchos mitos actuales. Así, Tarzán sería un genio o divinidad inferior, protectora de las selvas africanas y de sus criaturas, frente a la ignorancia de unos o la maldad de otros; Supermán, de procedencia extraterrestre —como sabemos—, una versión actualizada de Hércules; y la simpatiquísima e incomprendida Pantera Rosa, una deidad con características humanas y felinas, bastante similar a la diosa-gato Bastet de los antiguos egipcios y, como ella, dotada de gran sentido del humor, que presidiría ciertas actividades lúdicas…

Y cuando se impuso el monoteísmo, no se consiguió extirpar tales creencias, ya que éstas cambiaron de forma o nombre, se disfrazaron o se adaptaron —en curioso sincretismo— a la cambiante situación, y del «genio» protector de las aguas se pasó al «santo» que desempeñaba idéntico cometido, por ejemplo, y en donde se alzaban adoratorios paganos, aprovechando el lugar, ya sacralizado, se alzaron templos de la nueva fe, lo que no acabó con las confusiones y persistencias de creencias antiguas, a menudo debidas a la ignorancia o superficial cristianización. En una época en que imperaban las supersticiones y casi nadie sabía leer, incluso la cultura de los propios clérigos dejaba que desear, y las preces latinas se aprendían sin entenderlas, se produjo un curioso equívoco. Al rezar el *Pater Noster,* al llegar a: «…qui est in coelis, sanctificetur nomen tuum…», muchos pensaban se estaba aludiendo a un tal Santo Ficeto (que debía ser un personaje muy especial para incluirle en tan importante plegaria) y se le veneraba como tal. Podríamos extendernos sobre «santos» que jamás existieron, salvo en la buena fe y la credulidad de las gentes sencillas, que, sin pretenderlo, creaban mitos…

Por supuesto que no todas las entidades mitológicas tenían aspectos más o menos humano o animal, las había mezcla de ambos, e incluso de vegetal y animal, y no forzosamente habrían de ser producto de la imaginación… No es menos digno de mención *Bucéfalo,* el caballo de Alejandro Magno que el inexistente y alado *Pegaso.* Creemos que sin él el ambicioso macedonio habría realizado de una u otra manera sus empresas, pero… nunca se sabe. Por estos y otros motivos, en este libro que no pretende, ni con mucho, ser un Tratado de Mitología, incluimos una serie de seres humanos y bestias, que no son mitológicos, en el exacto sentido del término, pero que aquí tiene cabida, bien por pertenecer a la realidad o pudieran hacerlo así en un futuro próximo, como la cierva de Genoveva de Brabante, John Frum y el culto del cargo, o el controvertido Yeti… Y ¿por qué no otras extrañas bestias?; aún quedan especies por descubrir y nada prueba la no supervivencia de alguna considerada extinguida (recordemos el típico caso del celacanto), tales serían los casos de la Serpiente de Mar o del misterioso habitante del Lago Ness.

Entonces…

> Un animal extraño, espantoso por sus movimientos, cuya lengua humeante salía de una boca enorme, saltaba a la distancia de un cable; parecía tener más de seis metros de altura. Sus pelos se erizaban; perseguía a los marineros, poniéndolos luego al acecho detrás de ellos, en tanto que su formidable cola que tenía tres metros de longitud, barría la nieve, la cual formaba, al levantarse, grandes torbellinos. La vista de un monstruo semejante heló de espanto a los más intrépidos.
>
> —¡Es un oso! —decía uno.
>
> —¡Es la bestia de Jebodán! [1]
>
> —¡Es el león del Apocalipsis!
>
> Shadon corrió a su camarote para coger un fusil que tenía siempre cargado, el doctor cogió también sus armas y se preparó para hacer fuego contra aquel animal que, por sus dimensiones, recordaba a los cuadrúpedos antediluvianos.
>
> El monstruo se acercaba dando saltos inmensos; Shadon y el doctor dispararon al mismo tiempo, y de repente la detonación de sus armas, sacudiendo las capas de la atmósfera, produjo un efecto ines-

1 Forma castellanizada de la tristemente famosa *Bestia de Gévaudan.*

perado.

El doctor miró con atención, y no pudo contener una estrepitosa carcajada.

—¡La refracción! —dijo.

—¡La refracción! —repitió Shadon.

Pero un exclamación terrible de la tripulación les interrumpió.

—¡El perro! —gritó Clifton.

—*Captain* —repitieron sus camaradas.

—¡Él, siempre él! —exclamó Peter.

En efecto, era él, que rompiendo sus ligaduras, había podido volver a la superficie del campo por otra quebraja. Hasta aquel momento la refracción, por un fenómeno común de aquellas latitudes, le había dado dimensiones formidables, que el sacudimiento del aire disipó.

Pero el efecto fatal permaneció en el ánimo de los marineros, poco dispuestos a admitir la explicación del hecho por razones físicas…

Aventuras del capitán Hatteras, Jules Verne

En Tracia y en la Grecia septentrional —según leemos en un interesante estudio de Gaster [2]— suelen celebrarse ciertas solemnidades importantes con una burda pantomima, y un elemento esencial del espectáculo es la repentina irrupción, durante una fiesta nupcial, de un vociferante sujeto con una máscara negra, que intenta molestar a la novia y que acaba por pegarse con el novio. En Tesalia, este personaje suele estar representado como un salvaje y peludo «árabe» y, para resaltar mejor su carácter de bárbaro, lleva además de una máscara negra de piel de oveja o de cabra, un manto de piel de oveja y a veces también una cola.

Tierra sin tiempo, Peter Kolosimo

…Y sin embargo…

«Hay que tener cuidado con los libros de salud; podemos morir por culpa de una errata.»

Mark Twain

2 Theodor H. Gaster, *Le storie più antiche del mondo.* Giulio Einaudi, ed. Turín, 1960.

A

ABTU y ANET. Abundan las leyendas que pretenden explicar el nacimiento del mundo y que atribuyen tal mérito a diferentes dioses. Los antiguos egipcios creían que se trataba de la obra de un espíritu creador, el Sol. El Sol fue uno de los fenómenos naturales más adorados por este pueblo, bajo nombres diferentes, siendo el de Re o Ra el más notorio.

La máxima divinidad egipcia era Ra, personificado en el disco solar. A él fue asimilado Amón, denominado también Amón-Ra, cuya ascensión se produce a partir de la V Dinastía (2501/2342 a. C.), adorado en Heliópolis desde los orígenes. Su supremacía comienza a manifestarse a mediados del «Imperio Antiguo», cuando los reyes empiezan a ser llamados «hijos de Ra». Su navegación celeste, relacionada con el día y la noche, dio pie a diversos relatos mitológicos.

Abtu y Anet eran dos peces idénticos y sagrados que nadaban ante la barca de Ra, para prevenirlo contra cualquier peligro. Durante el día, la nave sagrada viaja por el cielo, de Este a Oeste, y, por la noche, bajo tierra, de Oeste a Este.

ALCIONE y CEICE. Hija de Eolo, dios de los Vientos, Alcione, casó con Ceice, hijo de la estrella o lucero del Alba.

Sin medir las consecuencias, incurrieron en el atrevimiento de hacerse llamar Zeus y Hera, lo que irritó a los auténticos dioses del Olimpo, que tramaron atroz venganza, enviando una tempestad que hizo zozobrar la embarcación en la que viajaba Ceice cuando se dirigía a consultar un oráculo, pereciendo ahogada.

Cuando Alcione, conoció la triste noticia, no deseando vivir sin

Ceice, se arrojó al mar, quedando ambos —por la acción de algún dios compasivo, tal vez— convertidos en pájaros «martín pescadores». Cuenta la fábula mitológica que desde entonces, Alcione acompaña a su marido muerto, y tras confeccionar un nido con espinas de ortigas de mar, lo lanza al agua, pone sus huevos en él y así los empolla... Todo esto ocurre durante los siete días (llamados «días de Alcione») que preceden al solsticio de invierno y los siete que le siguen.

ALFES o ALFIOS. Según la mitología escandinava, el lobo Fenris, hermano de Hela, diosa del Infierno, y de la terrible Serpiente Midgard, se hizo tan peligroso, que los «Ases» (es decir, la familia de los dioses, compuesta de 32 miembros) precipitaron a Hela en los Infiernos y a la serpiente en el mar. Más difícil resultó encadenar al terrible lobo —que consiguió escapar más de una vez, rompiendo las cadenas—, por lo cual éstos solicitaron ayuda a los Alfes (que eran expertos en la forja), quienes confeccionaron una cadena de tan especiales características que la feroz bestia no pudo romper, cuando los dioses se la colocaron, no sin esfuerzos, que costaron la mano derecha a Tyr (uno de éstos), arrancada por un mordisco de Fenris.

Estos seres habitan en el Ljosalfaheim (Mundo de los Alfes de la Luz), por lo que se denominan «Alfes Blancos». Eran benéficos y destacaban por su belleza, andaban por los aires y les gustaba residir en las ramas de los árboles y danzar sobre la hierba, y los considerados «Alfes de las Tinieblas», eran malvados y tan negros «como la pez». Residían en el Svartalfaheim (Mundo de los Alfes de las Tinieblas) y eran seres subterráneos, dedicados a inflingir a los humanos enfermedades o dolorosas heridas. Su organización social y sus hábitos eran bastante similares a los de los humanos. Precisamente, a éstos se les encargó —por orden de Odín—, la famosa cadena «Gleipner», que inmovilizó definitivamente a Fenris.

Entre unos y otros, había un grupo intermedio, conocido como «el Pueblo de la Montaña» *(Haugalfolk)*, que según se cree, gustaban de residir en grutas y pequeñas colinas. Su comportamiento era un tanto ambiguo. Podían adoptar formas humanas, y eran comunicativos y amantes de la música y de la limpieza.

Véase: Fenris, Genios, Gnomos, Hela, Nornas, Serpiente Midgard.

ALOÉS. André Thevet en su *Cosmografía* menciona diversos peces monstruosos que viven en los mares que rodean la isla Española (Santo Domingo), afirmando haber visto uno muy extraño, parecido a una gran oca, cuello muy largo, cabeza puntiaguda como una pera muy gruesa, carente de escamas, y con sus cuatro aletas bajo el vientre, y al que denominaban «aloés», y añade: «...diríais al verlo que se trata de una oca zambulléndose entre las olas del mar».

AMALTEA. En la mitología griega existen diferentes versiones que nos hablan de Amaltea, aunque coinciden en lo principal.

Al parecer, cuando Cronos devoraba a sus hijos según nacían, temiendo le arrebatasen su puesto en el Olimpo, Zeus fue abandonado por su madre, que deseaba preservarle de tan horrible destino, en la isla de Creta. Allí fue criado por la ninfa Amaltea, hija de Meliso, el monarca local, en una gruta del Monte Ida.

Según otros, Amaltea era la cabra que proporcionó leche al dios quien, para demostrar su agradecimiento, regaló a las ninfas uno de los cuernos del animal, que fue llamado «cuerno de la abundancia», ya que éste proporcionaba todo lo que aquéllas deseaban.

Véase: Ninfas.

AMAZONAS. Este nombre que actualmente define a cualquier mujer que monta a caballo, tiene su origen en un mito griego.

Se trataban de mujeres guerreras, a las que se suponía hijas de Ares (dios de la Guerra, que residía en Tracia). Habitaban en el Ponto Euxi-

Se creía que las Amazonas se cortaban el seno derecho para que pudieran manejar mejor el arco

no (Mar Negro), a orillas del Termodonte. Su nombre significaba para los antiguos, «sin pechos», ya que se suponía que éstas cortaban y cauterizaban el seno derecho a las niñas para que pudieran manejar, ya de mayores, mejor el arco.

Se agrupaban en tribus, gobernadas por un sistema similar al matriarcado, no admitiendo la presencia de varones, con los que sólo se reunían una vez al año para perpetuar la especie. Si nacía un varón, le daban muerte o le remitían al padre. Las tradiciones, sin ninguna garantía histórica, referían hasta seis incursiones de tan belicosas mujeres: invasión de Licia, donde fueron rechazadas por Belerofonte; invasión de Frigia; lucha contra Hércules por la posesión del cinturón de Hipólita, su reina, que murió en la empresa y Antiope, hija de un rey tebano y madre de los gemelos Anfión y Zeto, quedó prisionera de Teseo, el matador del Minotauro; una expedición de venganza contra éste; ayuda a Príamo en la Guerra de Troya cuando era su reina la hermosa y valiente Pentesilea, que murió luchando contra Aquiles, y una última expedición a la isla de Leuce, situada en la desembocadura del Danubio, donde suponían depositados los restos de Aquiles.

En el año 1500 Vicente Yañez Pinzón descubrió un gran río en la costa del actual Brasil, al que en 1539 Francisco de Orellana bautizó con el nombre de «Amazonas», ya que afirmaba constarle la existencia en sus orillas de mujeres guerreras como las mencionadas por las antiguas leyendas griegas.

> *Muertas en acción.* Recientes descubrimientos arqueológicos demuestran que siglos antes de Cristo las mujeres también iban a la guerra.
>
> Muchos siglos antes que las sufragistas, las mujeres lucharon a la par de los hombres, según ha documentado el Dr. Alfred Dieck, arqueólogo alemán que ha publicado un extenso trabajo relacionado con el tema. Este trabajo se apoya en una serie de descubrimientos de tumbas de guerreros, compartidas por hombres y mujeres.
>
> Una de esas tumbas, que data del año 350 a. C. fue hallada en Mecklenburg, Westfalia, y contenía los restos de tres mujeres y ocho hombres con las armas pertenecientes a las 11 personas, estableciéndose que las mujeres habían muerto a causa de las heridas provocadas por las armas. En Ostenburgo, Sajonia, también se encontró el cuerpo

Amaltea
(*La joven de la cabra*, P. Julien, Museo del Louvre, París)

de una mujer guerrera, que usaba pantalones de cuero, y que había sido muerta a sablazos. Restos del mismo tipo han sido hallados en Brandenburgo, cerca de Berlín, en Dinamarca, en Baviera, en las proximidades de los Alpes, etc. Todas estas tumbas que datan de los años 600 o 700 d. C. contienen cuerpos de mujeres muertas en el campo de batalla, pero eran abanderadas, no combatientes.

Science Editions, recogido por *Enciclopedia Alfatemática*

Véase: Valkirias.

ANGURBODA o AUGERBODE. Se trata de una giganta-hechicera de la mitología nórdica, cuyo nombre —dada su maldad— puede traducirse como «Presagio de Angustia», ya que unía a la astucia de la serpiente la ferocidad del lobo.

Pese a que el dios Loke estaba casado con Sigyn (madre de Nare o Narfe), éste acabó uniéndose a la giganta, con la que tuvo tres hijos: Fenris, Hela e Iormungandur o Serpiente Midgard, protagonistas de tristes y negativas hazañas.

Véase: Fenris, Gigantes, Hela, Loke, Serpiente Midgard.

ANJANAS u ONJANAS. Nombre de unos seres fabulosos, de aspecto femenino, pequeños y agradables, propios de las leyendas y mitos cántabros, que habitaban en los bosques, arroyos y lugares apacibles. En ocasiones, presentaban figura de mujer, pero mezclando partes del cuerpo con las de ciertos animales, como aves o peces.

Eran de naturaleza tranquila y carácter benéfico.

Véase: Dones d'Aigua, Lamiñas, Nereidas, Ninfas, Sirenas.

ANQUINOE. Hija del Nilo o ninfa de los ríos, en las leyendas egipcias tardías. Madre de Egipto y Danao.

Véase: Danaides, Ninfas.

ANUBIS. Se trata de una de las más importantes deidades de la mitología egipcia, ya que era hijo de Osiris. Solía ser representado en forma de perro negro, o como un hombre con cabeza de perro o de chacal. Se le consideraba dueño de la montaña funeraria en la cordillera líbica. Encargado de presidir los embalsamamientos y ritos funerarios, ayudó a Isis a amortajar y embalsamar el cuerpo de su difunto esposo.

Guardián de la necrópolis, velaba protegiendo a los difuntos contra los depredadores e inventor de la momificación, su misión principal era la de pesar las almas acompañado de Horus en el «Amenti» o juicio final ante Osiris. Se le rendía culto especial en Cynópolis («Ciudad de los Perros»), aunque posteriormente fue suplantado en el reino de los muertos por el propio Osiris.

Durante la época Ptolemaica fue identificado con el dios griego Hermes, pasando con el nombre de Hermanubis al panteón romano.

Véase: Horus.

APIS. Se trataba de un buey sagrado, adorado por los antiguos egipcios, especialmente en la ciudad de Menfis. Era símbolo de la fecundidad y se le consideró como la encarnación del dios Ptah, y posteriormente de Osiris, convirtiéndose, pues, en deidad funeraria.

El Buey Apis se representaba con unas manchas determinadas: una media luna blanca en la frente, un escarabajo bajo la lengua y un buitre en el lomo. Su muerte era celebrada con grandes ceremonias, y tras un riguroso luto de setenta días (los que duraban el embalsamamiento) su cuerpo se encerraba en un sarcófago y se le sepultaba en la necrópolis denominada «Serapeum». Los sacerdotes iniciaban entonces la búsqueda de su sucesor, al que reconocían por las mencionadas señales y era entronizado en medio de entusiastas muestras de júbilo.

La mitología egipcia suponía que al abandonar este mundo, el buey sagrado se convertía en Osiris-Apis.

Véase: Becerro de Oro.

APOP o APOPIS. Serpiente gigantesca de la mitología egipcia, enemiga del Sol. Hacia el año 2500 a. C., el mito asiático del combate entre el dios del Cielo y de la Luz (Baal-Marduk) y el dragón de los abismos oceánicos (Tiâmat) penetró en Egipto, dando origen a la leyenda de la serpiente gigante, adversaria de Amón-Ra. El nombre del gran ofidio proviene de «op», que puede traducirse como «volar», y de manera más amplia, «moverse como al volar». Los antiguos textos afirman que Apop tenía —en épocas remotas— patas y garras, que perdió en una batalla. Tal vez sea éste el origen de cuentos relativos a enormes serpientes con dos o más patas.

Una versión asiática del mito afirma que esta serpiente o dragón no estaría ni muerta ni derrotada, sino que yacería en las entrañas de la tierra o en las profundidades marítimas, y cuando trata de librarse de sus cadenas, puestas por los «cuatro hijos de Horus», provoca tempestades y seísmos.

Otras leyendas, con algunas diferencias, pretenden que el amplio océano representa a Apop cautivo, atado a la tierra con cuerdas, lo que la mantiene unida (los griegos, en sus limitaciones geográfica, hablaban del «río océano» —una especie de mar único— «que rodea a la tierra como un anillo»), pero al mismo tiempo trata de romper sus ligaduras y destruir el mundo.

> Ese Apop «arrojado al Océano en el día del año nuevo» es una reminiscencia de la doctrina babilónica de que la contienda de la creación es tipológicamente repetida en el comienzo del nuevo año en primavera. En tiempos antiguos, sin embargo, los egipcios comenzaron a interpretar el combate entre la luz y la sombra, entre el dios Sol y su gigantesco adversario, como un fenómeno cotidiano. El Sol es tragado por Apop en el atardecer, cuando se hunde en el océano, o tiene, al menos, que combatir con el dragón en su viaje nocturno por el submundo. Allí, desde el oscuro río o detrás de la montaña del amanecer, el monstruo se levanta otra vez contra la barca solar; pero en la mañana ha sido cortado en pedazos y el sol resplandece victorioso, o al menos el monstruo ha de vomitarlo.
>
> *Mitología egipcia,* Max Müller

Por supuesto, el Sol, en su viaje diario, debía contar con alguna asistencia por parte de los humanos; en época muy posterior al mito, se llevaban a cabo determinados ritos, consistentes en ultrajar —pisoteándola y escupiéndola— una imagen de reptil, ya fuera de cera o pintada en papiro y, profiriendo improperios, arrojarla al fuego.

Consecuencia de las diferentes interpretaciones del mito original, algunos tendían a relacionarlo o confundirlo con el dios Seth, señor de Alto Egipto, que había asesinado y descuartizado a su hermano Osiris, Horus, le derrotó en reñido combate, venciéndole y arrebatándole el dominio sobre la tierra y ocupando su lugar. Seth simboliza la destrucción y la maldad; de ahí, su identificación o asociación con Apop.

Como sabemos, las almas de los difuntos debían comparecer ante un severísimo tribunal de ultratumba, presidido por Osiris. Aquellos que fueran hallados culpables, eran condenados a diversos suplicios, de los cuales no era el menor ser arrojados a un «dragón de aliento de fuego», que, al parecer se trataría de Apop.

Véase: Dragones, Serpientes, Serpiente Midgard.

ARPÍAS. Demonios femeninos de la mitología griega, representados, unas veces, con busto, brazos, cabeza de mujer y cuerpo de ave, y otras, con cabeza femenina, cuerpo, alas y garras de ave. Eran hijas de la ninfa marina Electra y de Taumas. Tenían su residencia en las islas Estrofiadas, después de ser arrojadas de las Boréadas.

Aelo, Ocípete y Celeno eran la personificación de las fuerzas des-atadas de los elementos, especialmente marinos. Algunos autores suponen que las Arpías era cuatro, y no tres.

Para la *Teogonía* de Hesíodo, se trataba de deidades aladas, de larga y suelta cabellera, más rápidas que el viento y las aves. Para Virgilio, serían aves con rostro femenino, garras encorvadas y vientre inmundo, demacradas por un hambre feroz que no consiguen satisfacer. Invulnerables y fétidas; todo lo devoran, emitiendo chillidos desagradables, y todo lo transforman en excrementos. Nada tiene, por tanto, de particular que ciertos autores de la Antigüedad las tuviesen por demonios o las confundiesen con las Furias o las Parcas.

Su nombre, en griego, puede traducirse como «las que raptan» o «las que arrebatan». Por imperativo divino, se dedicaban a amargar la existencia a cierto rey tracio que podía descubrir el futuro a los hombres, motivo por el cual, los dioses le privaron de la vista, permitiendo que las Arpías le quitasen la comida, dejándole su detritus en su lugar, por lo cual el des-

Arpía

venturado Fineo siempre estaba hambriento. Finalmente Jasón y sus argonautas, valiéndose de la astucia, consiguieron ahuyentarlas.

ÁSPID. Se conoce con este nombre a una especie determinada de serpientes venenosas («Haia haie»), de cabeza ancha en la parte posterior, casi en forma de punta de flecha, y hocico redondeado, abundantes en África y en Asia. Su veneno es de tan rápida acción que puede acabar con un hombre robusto en menos de quince minutos.

Figuraba en los emblemas y símbolos faraónicos como señal de protección contra los enemigos. El buitre y la cobra simbolizaban las diosas protectoras de la realeza, la del Sur, Nejbet, y la del Norte, Uayit.

«Como a todos los reyes divinizados en tiempo prehistóricos —escribe Cyril Alfred— se les mataba cuando empezaban a desaparecer sus poderes…E n tiempos prehistóricos, este rito salvaje fue sustituido por ceremonias mágicas destinadas a rejuvenecer al monarca, como la Fiesta del Jubileo… Pero la tradición según la cual el rey tenía que morir por su pueblo se mantenía en folklore y en las expresiones más primitivas de los "Textos de las Pirámides", y algunos antropólogos creen que el sacrificio ceremonial del faraón se reinstauró en momentos de crisis; como ocurrió con la última reina de Egipto, Cleopatra, que puso fin a su vida por medio del dios personal del faraón, el Úreo.»

Así lo narra en un documentado artículo José López Rubio:

> …Las tropas de Octavio estaban ya, con su jefe, en Alejandría. Marco Antonio llegó moribundo a los brazos de Cleopatra y expiró en ellos. Cleopatra hizo una libación a su muerte y pidió un cesto de frutas que tenía prevenido. En el cesto había escondido un áspid del Nilo. Su picadura no produce convulsiones ni sufrimientos. Expuso su brazo a la mordedura. Fue su brazo, no su seno desnudo, como pintan y esculpen los artistas.
>
> Un tibio sudor en el rostro y un amortiguamiento de los sentidos. Y después un sopor profundo.
>
> Cuando llegó Augusto al templo, pudo ver los dos cadáveres en el suelo. El de Cleopatra no presentaba otra señal que dos puntos sumamente pequeños en el brazo. Augusto, con toda la solemnidad de su rango, ordenó que la sepultaran junto a Marco Antonio y añadió, según Shakespeare: «Ninguna tumba encerrará una pareja tan famosa».

Contaba Cleopatra treinta y nueve años el día de su muerte. Había reinado veintidós y vivido con Marco Antonio más de catorce, como en un sueño.

Cleopatra, la sierpe del Nilo

Véase: Serpientes.

ATLAS. Famoso gigante de la mitología griega, hijo de Japeto y Climena, hermano de Menetio y de Prometeo.

Casó con la oceánica Pleyone. Por haber tomado parte en la revuelta de los titanes contra los dioses, Zeus le obligó a sostener la Tierra sobre sus hombros (por tal motivo se le considera la personificación del monte Atlas). Fue padre de las Pléyades, las Hespérides y las Híadas.

Por tal motivo recibe el nombre de «atlante» o «telamón» la figura masculina que sirve como apoyo de arquitrabes, balcones, etcétera.

Otra versión del mito afirma que cuando Perseo acabó con la terrible Medusa, se dirigió a su morada, situada en la actual cordillera de Atlas para solicitarle hospitalidad, presentándose como hijo de Zeus, motivo por el cual, el resentido gigante le trató desabridamente. Entonces, Perseo le mostró la cabeza del monstruoso ser —que todavía conservaba algunas de sus propiedades— y acto seguido, el gigante quedó convertido en una gran montaña de piedra.

Véase: Gigantes, Medusa, Titanes.

AUDIHUMBLA. El gigante Ymer (también conocido con el nombre de Aurgelmer), como todos los suyos, era un individuo poco recomendable y malvado. De él desciende la estirpe de los llamados «Gigantes del Frío».

Audihumbla era una vaca de grandes dimensiones, de cuyas ubres brotaban cuatro ríos y de éstos se alimentaba el gigante. A su vez, para subsistir, Audihumbla lamía las piedras del granizo, que eran saladas, y de las cuales —según los mitos nórdicos— nació Burc, que engendró un hijo llamado Bor, quien casó con Bestla, hija de Bolthorn, otro gigante, y tuvieron tres hijos: Odín, el más grande y noble de los dioses, Vile y Ve, que dominaban el cielo y la tierra.

Véase: Angurboda, Gigantes.

B

BASAJAUN, El. Ser fantástico, «Señor de las Selvas» en la mitología y folklore vascos, que en un sentido más amplio podría traducirse como «Señor de la Naturaleza».

Aun cuando vivía apartado de los hombres, no era un genio insociable ni solitario, ya fuera en familia o en tribu, prefería habitar en bosques o cavernas, con su compañera, la «Basa Andere». Tenía figura humana, de grandes proporciones y poseía fuerza y agilidad sorprendentes. Se dice que estaba cubierto de vello y llevaba el cabello muy largo, cuidadosamente peinado, cubriéndole el rostro, el pecho y el vientre, y que llegaba hasta sus rodillas.

«En los relatos populares, es un genio bienhechor —escribió Louis Charpentier—, gran protector de los rebaños y de las cosechas. Cuando no estaba muy lejos, no se aproximaba ningún lobo y los corderos que lo conocían hacían tintinear sus cencerros cuando él estaba cerca. Cuando amenazaba una tormenta, su voz, en las montañas, advertía a los pastores.»

Como «Señores de la Naturaleza», las leyendas les atribuían la mayor parte de los descubrimientos que condicionan la vida de los hombres.

Véase: Busgosu, Genios.

BASILISCO, El. Se trata de una bestia fabulosa, asociada desde muy antiguo al horror y a la fealdad. Para Plinio el Viejo, el Basilisco era una serpiente que tenía en la cabeza una mancha en forma de corona. En el Medievo era representado como un gallo cuadrúpedo y coronado, de plumaje amarillento, grandes alas espinosas y cola de serpiente, que puede terminar en garfio o en otra cola de gallo.

En todo caso, jamás cambia el mortífero poder de su mirada. A sus pies caen muertos animales y hombres, se pudren los frutos y las aguas quedan contaminadas durante siglos. Plinio completaba tales descripciones añadiendo que su olor era fétido, y su mirada petrificaba los pastos y partía las rocas, por lo que vivía en lugares desérticos.

Sin embargo, no era invulnerable; unos creían que no podía soportar el olor de una comadreja, y otros suponían que le resultaba letal el canto de un gallo, por lo que los viajeros que debían aventurarse por sendas desconocidas y desérticas —donde se pensaba que tenía su guarida—, no olvidaban llevar consigo, al menos, un gallo. Lo que no fallaba era un espejo, ya que al Basilisco le fulminaba su propia imagen.

Tal vez la leyenda del Basilisco haya originado la expresión de «mirar como un basilisco», que casi todo el mundo ha oído e incluso utilizado alguna vez en la vida.

Véase: Catoblepas, Dragones, Hidra, Medusa.

BAST o BASTET. Como sabemos, el pueblo egipcio era sumamente religioso y por tanto, tal actitud estaba muy presente en todos los actos de la vida cotidiana e incluso más allá de la existencia terrena.

En tiempos prehistóricos, como cualquier pueblo primitivo —así ocurre en nuestros días—, adoraban determinados fenómenos de la naturaleza, especialmente el Sol, bajo distintos nombres, al ser considerado fuente de toda vida; posteriormente, las cualidades de algunos animales fueron objetos de culto, y finalmente, surgieron los dioses antropomorfos, como ya hemos tenido ocasión de comprobar, cuyas representaciones en tumbas y templos nos son tan familiares, si bien, y con el paso del tiempo, éstas presentasen algunos cambios.

La diosa Bast era representada con cuerpo de mujer y cabeza de gato que simbolizaba la maternidad, la fecundidad y demás virtudes femeninas. Su culto se extendió por todos el antiguo Egipto durante unos dos mil años, hasta la época Ptolemaica, y se dividía en dos facetas diferenciadas: la cálida y vivificante energía solar, por un lado, mientras que por el otro, se la relacionaba con la sugestión misteriosa de la Luna.

En el Egipto faraónico —aparte de haber sido deificada su imagen—, los gatos tenían una importante función social, al librar los

Gato con gatitos consagrados a Bast
(Amuleto de porcelana azul [ap. 600 a. C], en el British Museum)

hogares de molestos roedores, por lo que existían muy estrictas leyes que castigaban severamente a quienes les dañasen o les diesen muerte.

Cuando morían, los habitantes de la casa guardaban rigurosísimo luto, como si de un ser humano se tratase, y los cadáveres eran embalsamados y sepultados con todos los honores, lo que comportaba desembolsos frecuentemente desproporcionados con la economía de sus afligidos propietario. Se han encontrado gran cantidad de estos felinos momificados cuidadosamente.

BECERRO DE ORO, El. En el Antiguo Testamento (Éxodo, 32) se cuenta como habiendo subido Moisés, caudillo de Israel al monte Sinaí, para recibir de Yavé las Tablas de la Ley, el pueblo comenzó a impacientarse por tan larga tardanza, por lo cual se dirigieron a su hermano Arón (quien junto con sus hijos había sido destinado al sacerdocio) y le dijeron: «Anda, haznos un dios para que vaya delante de nosotros. Porque ese Moisés, ese hombre que nos ha sacado de Egipto, no sabemos que ha sido de él».

Arón, no sabiendo cómo negarse ni sintiéndose suficientemente respaldado, acabó cediendo y pidió que le llevasen sus joyas de oro. El propio hermano de Moisés hizo un molde y en él un becerro de oro, mientras algunos decían: «Israel, ahí tienes a tu Dios, el que te ha sacado de la tierra de Egipto». Al día siguiente, muy temprano ofrecieron sacrificios al becerro y todo el pueblo se sentó junto a él para banquetear y danzar. Se trataba de «una fiesta —había dicho Arón— en honor de Yavé».

Yavé se encolerizó y se dispuso a destruir a los israelitas: «Ya veo que este pueblo es un pueblo de cerviz dura. Déjame, pues, que se desfogue contra ellos mi cólera y los consuma. Yo te haré a ti una gran nación». Con dificultad logró Moisés aplacar la cólera del Todopoderoso. Sin embargo, cuando regresó al campamento, se enfureció hasta el extremo de romper las Tablas, desmenuzar el becerro hasta reducirlo a polvo, que mezclado con agua hizo beber a los idólatras. Curiosamente, el intransigente legislador, no tomó ninguna medida contra su hermano… ¿tal vez porque en realidad no se había quebrantado la «alianza», ya que el becerro y las fantasías servían para «honrar a Yavé»…?, limitándose a amonestarle: «¿Qué te ha hecho este pueblo para que tú hayas echado sobre él tan gran pecado?», obteniendo una respuesta tan vergonzosa como insuficiente, lo que no obsta para que, acto seguido, ordenase a los hijos de Leví: «Así habla Yavé, Dios de Israel: Cíñase cada uno su espada sobre su muslo, pasad y repasad el campamento de la una a la otra puerta y mate cada uno a su hermano, a su amigo, a su deudo»… Fueron muertas unas tres mil personas, un número insignificante de prevaricaciones, si se tiene en cuenta que en todo aquel asunto había participado casi todo el pueblo… cuando: «Estos fueron todos los contados de los hijos de Israel, por sus linajes, los que contaron Moisés y Arón con los doce príncipes de Israel, según sus linajes, de veinte años para arriba aptos para hacer la guerra en Israel, seiscientos tres mil quinientos cincuenta» (sin contar las mujeres, los niños y los ancianos e inútiles para la guerra) Números, 1-44/46.

No sabemos ni el tamaño ni el aspecto que tendría aquel becerro. Cabe pensar, no obstante, que tuviera algún parecido con los animales sagrados de la iconografía, con la cual, tras tantos años de cautiverio, debían estar familiarizados los israelitas, especialmente su dirigente Moisés, sin duda educado en la corte del faraón. No resultaría, por tanto, aventurado arriesgar si podría tener alguna semejanza con el ya citado Apis. De cualquier manera, representaciones de bóvidos en las culturas de la época son muy abundantes.

Por este y otros motivo, el pueblo hebreo fue castigado por Yavé a emprender una durísima peregrinación por el desierto que duró cuarenta años, muriendo su propio dirigente y legislador a la vista de la «Tierra Prometida»; de suerte que ninguno de aquellos que salieron de Egipto, consiguieron entrar en ella.

Véase: Apis.

BESTIA DE EXMOOR, La. El condado de Somerset, se encuentra situado en el sureste de Inglaterra (al sureste del Canal de Bristol). Comprende una extensión de ricas tierras agrícolas, rodeada por las colinas Mendip y Exmoor, destacando el famoso cañón poblado de cavernas, situado en las primeras.

Acerca de esta legendaria bestia, se dice que vaga por los páramos y colinas (cuya altitud media no es muy elevada), emprendiéndola con el ganado, especialmente lanar, y acechando a los viajeros imprudentes que osan aventurarse por aquellos parajes.

No faltan quienes dicen haberla visto e incluso fotografiado, todo ello, sin la menor prueba convincente: se trataría —según dicen— de un animal similar a un gran felino negro (¿...tal vez una pantera?). Por otra parte, se dice que habría más de una de estas bestias o lo que fuesen, y que algunas serían totalmente inofensivas.

La opinión más extendida es que puede tratarse de fieras escapadas de circos o zoológicos, o abandonadas (al crecer) por sus dueños. En nuestros días existe en el Reino Unido una cría de población de fieras exóticas.

Véase: Bestia de Gévaudan.

BESTIA DE GÉVAUDAN, La. Entre los años 1764 y 1767 un monstruo desconocido aterrorizaba a las gentes, especialmente campesinos, pastores y sus familias, en las proximidades de las montañas de Auvernia, al sur del Macizo Central (Francia). Todas las descripciones

—bastante similares, por cierto— coincidían en su gran tamaño, color rojizo, aspecto de un gigantesco lobo, cubierto de escamas y con una boca tan grande que recordaba a la de un león. «La criatura parece un lobo poco frecuente —comentaba Antoine de Beauterne, cortesano de Luis XV—, con una cabeza gigante y un rabo largo y ondulado. Pero lo peor de todo es su gran voracidad.»

Los sacerdotes decían que aquel terrible animal, si lo era, conocido como la Bestia de Gévaudan, había sido enviada por el Señor para castigar al pueblo por sus pecados; para éste, se trataba de algo siniestro, sin duda, relacionado con la brujería, siéndole atribuida la muerte de cuarenta personas y ataques a otras ciento diez, por lo menos... Lo cierto es que la bestia huía a velocidades fantásticas, logrando escapar indemne a trampas, perros y cazadores.

El 19 de junio de 1767, un noble de la región, apellidado Chastel, organizó una gran batida, en la que —al parecer— resultó muerto a tiros un lobo de extraordinarias dimensiones y gran ferocidad. Se dice que sus restos nunca fueron hallados y en el lugar donde cayó jamás volvió a crecer la hierba. Sea como fuere, cesaron sus ataques. Hasta nuestros días, sin embargo, no se tiene absoluta certeza de si tales matanzas se pueden atribuir a otra alimaña, que forzosamente ni tenía porque ser un lobo, o a seres humanos, si de tales se trataba.

Véase: Bestia de Exmoor, Hombre Lobo.

BESTIA JASCONIOS, La. San Brandán (o San Brandano) fue un monje irlandés del siglo V que organizó una famosa comunidad monástica, la de Clonfert. Su labor evangelizadora entre los pueblos bárbaros de la época fue notabilísima. Es famosa en la literatura europea su navegación en pos de la isla ideal, que —según la leyenda— acabó encontrando en el océano Atlántico.

Las aventuras del santo personaje, no estuvieron libres de peligros, especialmente, tempestades y monstruos marinos, algunos de gran tamaño y animados por aviesas intenciones.

> «...y entonces navegaron, y arribaron a aquella tierra, pero como en algunos lugares había escasa profundidad, y en otros, grandes rocas, fueron a una isla, que creyeron segura, e hicieron fuego para co-

cinar la cena, pero San Brandán no se movió del buque. Y cuando el fuego estaba caliente, y la carne a punto de asarse, esta isla empezó a moverse, y los monjes se asustaron, y huyeron al buque, y dejaron el fuego y la carne, y se maravillaron del movimiento. Y San Brandán los reconfortó y les dijo que era un gran pez llamado Jasconye (o Bestia Jasconios), que día y noche trata de morderse la cola, pero es tan largo que no puede...».

He aquí una versión de un hecho muchas veces repetido por relatos y leyendas de diferentes culturas, a través del tiempo. En el bestiario anglosajón del *Códice de Exeter,* la peligrosa isla resulta ser una ballena de inusitadas dimensiones, definida como «astuta en el mal», que deliberadamente engaña a los marineros, haciendo que tomen su lomo por una isla en la que desembarcan para reponerse de las fatigas de la navegación, y cuando éstos están más descuidados, se sumerge, arrastrando a sus infelices víctimas a los abismos. En el bestiario griego, la ballena —indica Jorge Luis Borges— quiere significar la ramera de los Proverbios («Sus pies descienden a la muerte; sus pies sustentan el sepulcro»); en el bestiario anglosajón, el Diablo y el Mal. Guardará ese valor simbólico en *Moby Dick,* que se escribirá diez siglos después.

Véase: Fastitocalón, Gran Tortuga de Mar, Kraken, Moby Dick, Serpiente de Mar, Zaratán.

BICHA, La. Nombre dado vulgarmente a cierto tipo de esculturas de la España prerromana, muy primitivas, cuya exacta significación se desconoce, aunque parecen representar animales de ganado mayor (con evidentes rasgos humanos), abundantes en las provincias de Salamanca, Ávila y norte de Córdoba, en todo lo que fue territorio de la tribu de los Vettones, pueblo de marcado carácter pastoril... ¿Tal vez una especie de «totem»?... ¿una divinidad protectora?

Sin embargo, el nombre de «Bicha» está asociado, en diferentes lugares de España, principalmente Andalucía, a una especie de serpiente o culebra, considerada como un signo de mal agüero, por lo que cuando «se menciona la Bicha», algunas gentes hacen gestos con las manos o «tocan madera», para conjurar posibles males.

Véase: Serpientes.

Ilustración de los *Viajes de San Brandán*
(Cortesía de la revista *Historia y Vida*)

BRAGAO. Tal era el nombre del caballo de uno de los protagonistas de la conquista del Nuevo Mundo: Hernando de Soto (1500-1542), quien participó en la conquista y descubrimiento de Panamá, Costa Rica y Nicaragua. En 1530 se asoció con Francisco Pizarro para la empresa de la conquista de Perú, fundando la ciudad de Trujillo, de la que llegó a ser gobernador. La muerte le sorprendió en algún punto de Florida (EE. UU.), durante la expedición.

Narran los cronistas que junto a Francisco Pizarro y su sobrino carnal, Hernando, se presentaron —montados en sus caballos— ante el inca Atahualpa. Tal era su habilidad como jinete —alabada por los historiadores de la época— que muchos indios huyeron despavoridos ante las maniobras de tan brioso corcel. En castigo por haberse mostrado cobardes ante los extranjeros, el inca ordenó la muerte de todos aquellos que hubiesen corrido.

Como los caballos de muchos conquistadores, *Bragao* llevaba herraduras de metales preciosos, más baratas —en aquellas tierras— que el hierro.

Se dice, un tanto exageradamente, que *Bragao* fue un semental que contribuyó en mucho al origen de la moderna raza equina americana.

BROWNIES, Los. Se trata de unos hombrecitos serviciales de color pardusco, de ahí su nombre, propios de las leyendas escocesas (muy similares al «kobold» germano). Puede relacionárseles con los enanos, ya que se le parecen bastante, aunque tiene el tamaño de un niño, su rostro es el de un anciano. Al igual que ciertos enanos, solían ser ricos y avaros, a veces, y sentían gran aversión por el ruido y los tumultos.

Solían visitar las granjas de Escocia y ayudaban a los humanos en las tareas domésticas durante el sueño, si les trataban bien y cumplían sus obligaciones, aunque también les castigaban por la más mínima irregularidad o ineptitud.

El famoso escritor Robert Louis Stevenson afirmaba que había conseguido adiestrar a sus Brownies en el oficio literario, y que cuando dormía, éstos le sugerían algunos de sus más conocidos argumentos, como el de la novela *El extraño caso del Dr. Jekyll y Mr. Hyde.*

Véase: Duendes, Genios, Gnomos.

BUCÉFALO.

> Cierto día, un tal Filónico trajo a la corte de Filipo, rey de Macedonia, un caballo salvaje. Lo quería vender en 13 talentos (una suma enorme). El rey entregó el caballo a sus escuderos, pero el animal era tan salvaje y feroz que nadie se atrevía a domarlo. Entonces el rey ordenó que lo devolvieran, pero su hijo de 15 años que comprendió que el caballo se asustaba de su propia sombra, intervino y dijo «Rechazan el caballo porque no saben usarlo. Yo, con seguridad, sabré cómo domarlo». El rey lo invitó entonces a que demostrara su habilidad. El joven se acercó al caballo, lo tomó de la brida y le hizo girar la cabeza hacia el sol. Luego lo acarició, le habló suavemente y, con un ágil salto, montó sobre él. El caballo se encabritó, pataleó y, por último, comenzó a correr.
>
> ...Aquel osado domador de caballos se llamaba Alejandro. Los historiadores, recordando sus empresas militares, le dieron el título de

«Magno» [o Grande]. También el nombre del fogoso animal pasó a la historia: se llamaba Bucéfalo, y fue el caballo de batalla de Alejandro en todas sus campañas. «Y Alejandro llamó Bucefalia a una ciudad de la India (junto al río Hidaspes, afluente del Indo) cuando murió su caballo en 326 a. J. C. [tras haber derrotado al reyezuelo local, Poro]».

Enciclopedia Estudiantil,

BUEYES DE GERIÓN, Los. Algunos mitos griegos podrían muy bien guardar estrecha relación con sus primeras actividades comerciales en el «extremo Occidente». En uno de sus fabulosos viajes a tierras de Poniente, en el que Heracles (o Hércules) robó al propio Sol el tazón en el que éste reposaba durante su viaje nocturno de regreso a Levante, debió el héroe enfrentarse al monstruo Gerión (su décimo trabajo), que habitaba en la isla Eritia, junto al Océano. Hijo del caballo Crisaor y de la ninfa marina Calírroe. Gerión tenía tres cuerpos humanos con sus correspondientes tres cabezas y seis brazos, unidos por el vientre, siendo tenido por uno de los seres más fuertes y despiadados del mundo.

La misión de Hércules consistía en apoderarse de unos descomunales bóvidos rojos sin pedirlos ni pagarlos. Los bueyes estaban custodiados por el pastor Euritión y su terrible perro bicéfalo Orto. Se libró feroz combate, primero con flechas y luego cuerpo a cuerpo, y dado que el monstruo al enfrentarse con el héroe renunció a su inmortalidad, éste pudo vencerle y apoderarse de las reses que en seguida llevó ante el cobarde Euristeo, rey de Argos, y primo suyo.

Este mito sirve para exponer «una realidad histórica contemporánea —indica el profesor Ricardo Olmos—, la expansión jonia más allá de las Columnas de Heracles, su descubrimiento del emporio de Tarteso, al que el poeta [se refiere a Estesícoro, siglo VI a. C.] llama "fuentes de raíces de plata", una alusión a la riqueza en plata de la zona que por estos años despierta un enorme interés entre los marinos aventureros griegos. Heracles, venciendo a Gerión y apoderándose de sus riquezas, es el modelo mítico de ese marinero griego».

Ahora bien en la descripción de la lucha entre el héroe y Gerión hay algo más que una serie de alegorías. Los combates de la época, solían iniciarse con una lluvia de flechas y demás armas arrojadizas por ambas partes, para debilitar al adversario antes de llegar al inevitable cuerpo a cuerpo. Si Gerión, al enfrentarse con Hércules, renunciaba a su inmortalidad, haciendo, por cierto, un pésimo negocio… ¿cabría inferir si los defensores de alguna fortaleza o ciudad, creyéndose en posición ventajosa, hicieron una salida para acabar con los atacantes…? …Si ocurrió así, no sólo no lo consiguieron sino que perdieron la ventaja de su posición defensiva, y el adversario pudo entregarse, sin más resistencias, al saqueo…

Véase: Cancerbero.

BUNYIP. Los aborígenes australianos han creído y todavía creen en la existencia de fabulosas criaturas, de aspecto inquietante algunas de ellas. Los de Nueva Gales del Sur y de Victoria (sureste del país) estaban persuadidos, y así lo declaraban, de la existencia de cierto monstruo acuático, cuya «voz tonante llenaba de temor las mentes de cuantos la escuchaban». Añadían que su aspecto era tan espantoso como insaciable su apetito de carne humana (al parecer, sus víctimas favoritas eran mujeres y niños), lo que explicaría el pánico que causaba entre la población nativa.

Este nombre de Bunyip ha sido también utilizado para designar a criaturas acuáticas que los hombres blancos creían haber visto en lagos, pantanos, charcas y ríos. En 1821, un tal Hamilton Hume informaba de la existencia en el lago Bathurst de una bestia que él suponía pudiera ser un hipopótamo, por lo que una Sociedad Filosófica local tomó la decisión de recompensar a Hume, si éste conseguía capturar algún ejemplar. En una carta al *Sidney Gazette,* fechada el 27 de marzo de 1823, E. S. Hall, afirmaba haber visto —también en el lago Bathurst— y oído (noviembre de 1821) un extraño animal cuyos gruñidos le recordaban a los de una marsopa y que tenía una gran cabeza como la de un bulldog.

En 1847, la prensa australiana publicaba noticias relativas al «Bunyip de Kine Patrie», que en otras zonas era llamado por indígenas y blancos «Yaahoo» y «Wowee Wowee», y era descrito como algo semejante —con muchas reservas— a una figura humana, pero con rasgos y detalles horripilantes, y con patas o pies colocados al revés, circunstancia, como veremos, que no deja de ser interesante. Otro supuesto

Bunyip fue visto en las orillas del río Murrumbidgee, aunque los testigos, en este caso, coincidían en que tenía aspecto de toro, con cuello largo y crines como las de un caballo, cabeza parecida a la de un emú, y cuerpo cubierto de pelo, para unos, o plumas, para otros. Tenía, si concedemos crédito a las pinturas de los aborígenes, cola de caballo, aletas y colmillos de morsa.

En 1853, un colono vio, en las proximidades del monte Gamblier, una extraña criatura de entre cuatro a cinco metros de longitud en un lago. Otro informe de Crystal Brook, fechado en 1878, hablaba de una desconocida bestia, vista —al parecer— en un profundo agujero de agua, tal vez comunicado con alguna corriente o laguna, llegando el propio gobierno a ofrecer la recompensa de cincuenta libras por su captura. Por otra parte, en 1863 se afirmaba en Tasmania la existencia de seres similares en el Great Lake y en otros cursos de agua, en diferentes ocasiones.

Como hemos indicado, los nativos estaban tan persuadidos de la existencia del Bunyip y de sus parientes más o menos próximos, que realizaron bastantes dibujos del mismo, de los cuales no se han encontrado dos que tuvieran algún parecido (a no ser que se tratase de distintos monstruos o lo que quiera que sea). Los estudiosos del caso opinaban que la leyenda del Bunyip podría estar originada por la inu-sitada aparición de focas (remitimos al visto en 1847, cuyas patas o pies aparecían colocados al revés), no sólo en las costas, sino en las agua interiores. En el río Shoalhaver, a unos cien kilómetros del mar, se han capturado algunas, y el cráneo de una foca muerta, hallada en una corriente local fue conservado bastantes años en un local de Conargo (al suroeste de Nueva Gales del Sur y a más de mil kilómetros del mar). En cuanto al extraño e inquietante ruido que se le atribuye, bien puede pertenecer al canto nocturno de una alcaraván (ave crepuscular y nocturna de la familia de los «burrínidos»).

Véase: Myndie.

BURAK, El. «Loado sea quien hizo viajar a su siervo, por la noche, desde la Mezquita Sagrada hasta la Mezquita más remota, aquella a la que hemos bendecido su alrededor, para hacerle ver parte de aleyas. Cierto, Él es el oyente, el Clarividente.»

Así comienza la Azora XVII de El Corán, denominada «El vuelo nocturno», y cuyo significado —en el que no entramos— ha sido discutido por exégetas y tratadistas.

Inicialmente se pensaba que tan largo y rápido viaje (de La Meca a Jerusalén), lo habría realizado el Profeta con la ayuda o guía de un ángel. Posteriormente, se recurre a una cabalgadura celestial, El Burak (cuyo nombre significa «Resplandeciente»), mayor que un asno, pero menor que una mula. Los musulmanas de la India suelen representar a El Burak con cuerpo de caballo, rostro de hombre, orejas de asno y alas y cola de pavo real.

El sacerdote, arabista y académico Miguel Asín Palacios menciona a cierto místico murciano del siglo XIII que en una alegorías titulada *Libro del viaje nocturno hacia la Majestad del más Generoso,* equipara a El Burak con el amor divino y lo iguala a la pureza de la intención.

BURRA DE BALAAM, La. Moab fue fruto del incesto del Patriarca Lot con una de sus hijas, tal como nos lo cuentan las Escrituras (Génesis, 19-37), fundador de la estirpe de los moabitas, pueblo nómada de raza semita y religión politeísta establecido, hacia el siglo XIII a. C., en la región este del Mar Muerto, en la actual Jordania. Aunque estaban emparentados con los hebreos, guerrearon frecuentemente con ellos, hasta que fueron vencidos por el rey David. Entre los siglos III-II a. C. fueron absorbidos por los nabateos.

> Partieron los hijos de Israel y acamparon en los llanos de Moab, al otro lado del Jordán, frente a Jericó… Era entonces rey de Moab Balac, hijo de Sefor. Mandó, pues mensajeros a Balaam, hijo de Beor, a Petur, que está junto al río…, diciéndole: «Mira, ha salido de Egipto un pueblo que cubre la superficie de la tierra y está ya cerca de mí. Ven, pues, y maldíceme a este pueblo, pues es más fuerte que yo, a ver si así podemos hacer que le derrotemos, pues sé que es bendito aquél a quien tú bendices, y maldito aquél a quien maldices tú…
>
> Números, 22-1/6.

De la lectura del texto bíblico se desprende que Balaam no estaba muy dispuesto, pese a lo elevado de la recompensa, a acceder a los designios reales, tal vez por deseo expreso de Yavé: «Aunque me diese Balac su casa llena de plata y de oro, no podría yo traspasar las órdenes de Yavé, mi Dios, ni en poco ni en mucho...» (Números, 22-18).

Finalmente, Balaam (o Balam), se puso en camino, montado en su burra y acompañado de dos de sus criados. De pronto, el animal se detuvo, colocando al adivino en no muy airosa situación, por lo que éste, enfurecido, lo golpeó tres veces. Entonces, el Todopoderoso abrió la boca de la asna, que le dijo: «¿No soy tu asna? Tú me has montado desde que soy tuya hasta hoy. ¿Te he hecho yo nunca cosa semejante?» ...Entonces abrió Yavé los ojos a Balaam, y este vio al ángel de Yavé, que estaba en el camino... Entonces Balaam dijo al ángel de Yavé: «He pecado; no sabía que tú me cerrabas el camino...» Finalmente, el adivino llegó ante el monarca moabita, disponiéndose a cumplir sus obligaciones. No obstante, temiendo no poder expresarse libremente y por tanto, desagradar al reyezuelo, le hace una reserva: «Aquí me tienes ya, pero ¿podré yo decir lo que quisieres? La palabra que Dios ponga en mi boca, esa será la que diga» (Números, 22- 22/38).

Y aun cuando lo intentó tres veces, en diferentes lugares, ofreciendo sacrificios, para mejor conseguir sus fines, no sólo no le fue posible maldecir a los israelitas, sino que los bendijo las tres veces, formulando vaticinios muy favorables... Finalmente, el rey de Moab desistió de la empresa y se volvió a su palacio, gesto de resignación fatalista... «Partióse después Balaam y se volvió a su tierra, y también Balac se fue por su camino» (Números, 24-25).

BUSGOSU, El. En el folklore y mitología asturianos es el nombre que recibe una especie de genio de los bosques.

Es muy velludo y tiene dos pequeños cuernos en la cabeza, muy similares a los de las cabras, y sus patas acaban en pezuñas. Habita en los bosques y se le considera «señor de animales y árboles», por lo que le desagradan sobremanera los cazadores y leñadores, a los que aborrece. Si alguien se pierde en el bosque, el Bosgosu le acompaña hasta la salida del mismo. Pese a su talante servicial, se le atribuyen algunos aspectos negativos, como perseguidor de las mujeres.

Véase: Basajaun, Faunos, Genios, Sátiros.

C

CABALLO DE AGUA o KELPIE. «La extraña historia del Caballo de Agua, o Kelpie, se remonta a tiempos muy antiguos, y quizá tenga que ver con el hecho de que la mayoría de los miembros de los clanes escoceses vivían cerca de los lagos y de sus valles.

»Todo el Norte de Escocia —escribe el investigador Tim Dinsdale— es una región donde llueve mucho. En consecuencia hay muchos ríos y lagos, o "lochs", como se les llama. Hay "lochs" de mar, como los fiordos noruegos, y "tarus", o pequeños lagos de montaña que también se conocen con el nombre de "lochans"...».

La mayor parte de aquellas gentes eran bastante supersticiosas y creían en la existencia de unos seres de índole maligna o benigna, que habitaban aquellas aguas; entre ellos el Caballo de Agua o Kelpie, sobre el que —en otras épocas— se escribió mucho. Merece destacar los estudios realizados, al respecto, por el médico, naturalista, filósofo y erudito suizo Konrad von Gesner, que vivió en el siglo XVI, y que trazó varios dibujos del supuesto Caballo de Agua.

Por lo poco que se sabía, el Kelpie era un espíritu pernicioso, enemigo feroz de los humanos y aliado con el Maligno, como lo demostraba el hecho de que no tenía el menor escrúpulo en adoptar disfraces variados, especialmente la figura de un hermoso caballo (de ahí su nombre), para mejor engañar a sus víctimas, arrastrarlas a las frías y oscuras aguas y devorarlas tranquilamente. Por si tamaña desgracia fuera poca, los escoceses —al cristianizarse— creían que las almas de aquellos infelices, al carecer de un sacerdote que les proporcionara los debidos auxilios espirituales, serían precipitadas en los infiernos.

Sobran leyendas —bastante similares— y testimonios más o menos

Kelpie (grabado de una de las obras de Korand von Gesner, siglo XVI)

creíbles, al respecto, sobre los que no vamos a detenernos, dada la naturaleza y limitación de espacio de esta obra (nos tomamos la libertad de remitir al lector a nuestro libro *Hechos inexplicables*), muy relacionados, en todo caso, con Nessie, el controvertido habitante del Lago Ness.

Véase: Dragones, Monstruo Leonino, Morag, Nessie, Serpiente de Mar, Toro del Agua.

CABALLO DE MAR. «A diferencia de otros animales fantásticos, el Caballo de Mar ha sido elaborado por combinación de elementos heterogéneos [tal sería el caso de las Sirenas, de todos conocido] —afirma Jorge Luis Borges—; no es otra cosa que un caballo salvaje cuya habitación es el mar y que sólo pisa la tierra cuando la brisa le trae el olor de las yeguas en las noches sin luna.»

Esta leyenda tiene antiquísimo origen, como se desprende de las obras de Virgilio, Plinio y Justino, quien trató —sin conseguirlo— de encontrar explicación racional a la misma.

Al-Qazwini, geógrafo del siglo XIII, en su tratado *Maravillas de la*

Creación, hacía la siguiente descripción: «...es como un caballo terrestre, pero las crines y la cola más crecidas y el color más lustroso... la alzada es menor que la del caballo terrestre y algo mayor que la del asno». Añadía que el cruzamiento entre la especie marina y la terrestre producía hermosos potrillos, algunos «con manchas blancas como piezas plata».

Para otros autores, como el erudito y viajero chino del siglo XVIII, Wang Tai-hai, su comportamiento en tierra no difería gran cosa del de los demás caballos, siendo dócil y veloz, añadiendo empero: «...Conviene no bañarlo en el río, porque cuando ve el agua, recobra su antigua naturaleza y huye nadando».

CABALLO DE TROYA, El.

> ...Quebrantados por la guerra y contrariados por el destino en tantos años ya pasados, los caudillos de los griegos construyen, por arte divino de Palas, un caballo tamaño como un monte, cuyos costados forman con tablas de abeto bien ajustadas, y haciendo correr la voz de que todo aquello es un voto para obtener feliz regreso, consiguen que así se crea. Allí, en aquellos tenebrosos senos, ocultan con gran sigilo la flor de sus guerreros, designados al efecto por su suerte, y en un momento llenan de gente armada las hondas cavidades y el vientre todo de la gran máquina...
>
> Ya la falange de los Argivos se encaminaba desde Ténedos a favor del silencio y de la protectora luz de la Luna..., cuando Sinón, defendido por los hados de los dioses, crueles para nosotros, abre furtivamente a los Griegos encerrados en el vientre del coloso su prisión de madera; devuélvelos al aire libre el ya abierto caballo, y alegres salen del hueco roble, descolgándose por una maroma, los caudillos Tesandro y Stenelo y el cruel Ulises, Acamonte, Toas y Neptolemo, nieto de Peleo, Macaón el primero, y Menelao, y el mismo Epelos, artífice de aquella traidora máquina. Invaden la ciudad, sepultada en el sueño y el vino, matan a los centinelas, abren las puertas, dan entrada a todos sus compañeros, y se unen a las huestes que los esperan para dar el golpe...».
>
> *La Eneida,* Publio Virgilio Marón

Troya fue una antigua ciudad del Asia Menor, situada en una península delimitada al este y al norte por el Egeo y el Helesponto, y por los ríos Caicos y Aseipos, al sur y al este, capital de la Tróade. Sobre su existencia, que no estaba probada, circulaban muchas opiniones, opuestas, en su mayor parte, que partían de la creencia de que sólo se trataba de una serie de leyendas relacionadas con las luchas originadas por la expansión hacia Oriente de los aqueos (milenio II a. C.). Finalmente, las excavaciones realizadas por Heinrich Schliemann y Wilhelm Dörpfeld, su sucesor (1871-1894), en la colina de Hirssarlik. Este último puso al descubierto los restos de la ciudad antigua, descrita por Homero (Troya VI, entre 1500-1200 a. C.), con una disposición típicamente micénica, lo que sería posteriormente confirmado por el estadounidense Carl William Blegen (1932-1938).

El nombre de esta ciudad, la Ilión de los antiguos, ha sido inmortalizado por el mito, la historia y los poetas (Homero y Virgilio, entre otros). Se atribuyen sus murallas a Apolo y sus diques a Poseidón (Neptuno para los romanos), que disgustados al negarse Ladeomonte, padre del famoso Priamo, a pagarles su trabajo, éstos los destruyeron, irritados. Entre sus primeros reyes destacan Scamandro, Teucro, Dardano, Erictonio, Troas e Ilus. Hércules, tras luchar con Laomedonte, al que dio muerte, dejó el trono a su hijo, bajo cuyo reinado Troya alcanzó su máximo esplendor.

Paris, hijo de Príamo, raptó a la bella Helena, esposa de Menelao, rey de Esparta, lo que motivó una terrible guerra que duró diez años, entre los griegos, dirigidos por Agamenón (rey de Argos y Micenas, y hermano del ofendido Menelao), y los troyanos.

Esta guerra, que se libró realmente —aunque fueran otros—, fue testigo de acontecimientos memorables (la muerte de Héctor, etcétera). Pensaban los jefes griegos levantar el asedio, no habiendo obtenido ventajas decisivas, cuando Ulises —inspirado por la diosa Atenea— concibió una eficaz estratagema. Dispuso la construcción de un gran caballo de madera, haciendo correr la voz de que se trataba de una ofrenda a los dioses antes de emprender la retirada. Contaba el astuto personaje con que los troyanos, tomándolo por un gran trofeo, símbolo de su victoria, lo introducirían en la ciudad (en su interior, se habían ocultado algunos de los mejores guerreros). Además, para vencer la justificada desconfianza de los troyanos, entre ellos Laocoonte, hijo del rey y sacerdote de Apolo, que avisó a todos del peligro, el artero monarca de Ítaca contaba con el traidor Sinón, un troyano a sueldo de los griegos…

Cuando el gran animal de madera estuvo en el interior de Troya, y valiéndose de las sombras de la noche y el lógico relajamiento de la disciplina de sus defensores, los guerreros griegos salieron del caballo y abrieron las puertas al grueso del ejército, emboscado en las proximidades… Troya fue destruida y entregada al fuego y al saqueo…

Véase: Serpiente de Mar.

CABALLOS DE SYBARIS, Los. Sybaris o Síbaris era una colonia griega situada en el sur de Italia (Magna Grecia), fundada por los aqueos en el siglo VIII a. C. Conocida por la riqueza y el lujo de sus habitantes, dio origen al término «sibaritismo» como sinónimo de la «buena vida». Los sibaritas fueron los precursores del arte ecuestre de nuestros días, enseñando a bailar a los caballos, algo muy inocente, pero que les costó la pérdida de su libertad.

Los habitantes de la vecina colonia de Crotona se dispusieron a invadir Sybaris, envidiosos de su prosperidad. Bien enterados de las costumbres y limitaciones guerreras de sus vecinos, incorporaron músicos a su ejército. Los caballos de los sibaritas, al escuchar la música, se pusieron a bailar derribando a sus jinetes. Así los cro-tonianos consiguieron una fácil victoria y arrasaron la ciudad hasta los cimientos. Crotona llegó a ser una ciudad floreciente, pero en el año 277 a. C., cayó en poder de los romanos, iniciando su decadencia.

CAMPHURCH. André Thevet, en su *Cosmografía,* le menciona y describe como un animal anfibio que vive en las islas Molucas. Tiene, al parecer, el tamaño de una cierva y presenta en la frente un cuerno móvil, de tres pies y medio de largo y un diámetro casi como el del brazo de un hombre.

Está cubierto de mucho pelo alrededor del cuello, de color grisáceo. Sus patas delanteras son similares a las de un ciervo, mientras que las traseras tiene dedos palmeados, que le permiten nadar tanto en aguas dulces como saladas. Al parecer, no es peligroso y se alimenta de peces.

Ambroise Paré y Konrad von Gesner estaban más que persuadidos de su existencia. El segundo representaba al Camphurch con una cabeza más parecida a la de un caballo y una cola más corta.

Véase: Sirruch, Unicornio.

CANCERBERO, El. Gigantesco perro de tres cabezas que, según la mitología griega, guardaba la puerta del Hades con tal celo que se ha dado en aplicar tal denominación, por extensión, a todo portero o guarda de conocida severidad.

Hesíodo, en su *Teogonía,* llegaba a atribuir a este atroz perro nada menos que cincuenta cabezas. No obstante, la iconografía y los testimonios literarios habituales siempre le han presentado con las tres con las que se le viene conociendo. El poeta Dante Alighieri —sin duda— deseando un mayor efecto literario, le añadió ciertos caracteres humanos, que venían a agravar su infernal apariencia… «Cerbero, fiera cruel y extraña, ladra con sus tres fauces perrunas a los que allí están sumergidos. Los ojos de este monstruo despiden lumbre; su pelo es hirsuto y cerdoso, su vientre deforme y tiene las patas armadas de uñas afiladísimas con las que tortura a los espíritus, desgarrándolos, despedazándolos… Cuando me divisó el terrible Cerbero, presa de rabiosa

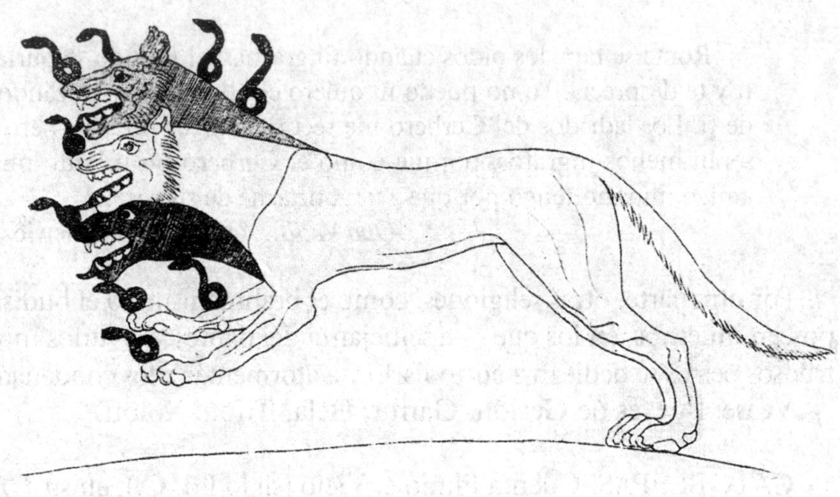

El Cancerbero (de *Heroen und Goettergestalten*, Conze)

agitación, abrió sus tres pavorosas bocas y me mostró sus agudos colmillos. Mi Maestro extendió las manos, tomó una porción de tierra y se la arrojó a las hambrientas fauces. E igual que cesan los aullidos de un perro cuando clava sus dientes en el codiciado alimento y sólo se afana en devorarlo, del mismo modo, apaciguado el demonio Cerbero...» (de una versión resumida de la *Divina Comedia).*

Según los antiguos textos, el Cancerbero (hijo de Tifón y de Edquina) saludaba con su rabo, en forma de serpiente, a los recién llegados a los Infiernos, y arremetía feroz contra los que vanamente pretendían huir. Por eso, era bastante habitual la práctica de colocar tortas y pasteles de miel en los féretros, con la intención —ignoramos si se conseguía— de apaciguarlo, y evitar que mordiera a alguien.

El Cerbero era aún más implacable con los vivos que trataban de forzar la entrada del Hades, como sucedió cuando Piritoo y Teseo intentaron el rapto de la diosa infernal Perséfone (Proserpina), esposa de Plutón. Orfeo, cuando fue a buscar a Eurídice, consiguió adormecerlo con su música, y posteriormente Eneas —el héroe troyano— consiguió también dormirlo con una albóndiga que le proporcionó la Sibila. En realidad, el único que consiguió vencer a tan terrible perro fue Hércules (el último de los doce trabajos que le encargara Euristeo), quien lo encadenó y llevó a presencia de este rey, aunque luego le restituyó a su puesto.

> Roma se tapa los oídos cuando tú graznas; el mundo se burla de ti y te desprecia. Yo no puedo ni quiero continuar avergonzándome de ti. Los ladridos del Cerbero me recordarán tus poesías; pero me serán menos ingratos, porque como el Cerbero no ha sido nunca amigo mío, no tengo por qué avergonzarme de su voz...[3]
>
> *Quo Vadis...?* Henryk Sienkiewicz

Por otra parte, otras religiones, como el brahmanismo o el budismo poseen infiernos, en los que —a semejanza del dantesco— unos monstruosos perros se dedican a custodiarlo y a atormentar a los condenados.

Véase: Bueyes de Gerión, Garmr, Hela, Tifón, Xolotl.

CATOBLEPAS. Cuenta Plinio el Viejo (siglo I d. C.), en su *Histo-*

3 Se trata de un fragmento de una carta que uno de sus personajes, Cayo Petronio, dirige al emperador Nerón poco antes de suicidarse.

ria Natural, que en los límites de Etiopía, no lejos de las fuentes del Nilo (por entonces desconocidas), habita esta extraña «fiera de tamaño mediano y de andar perezoso. La cabeza es notablemente pesada y el animal le da mucho trabajo llevarla; siempre se inclina hacia la tierra. Si no fuera por esta circunstancia, el Catoblepas acabaría con el género humano, porque todo hombre que le ve los ojos, cae muerto».

Para el naturalista francés George Leópold Cuvier (1769-1832), se trataría del ñú (antílope africano), contaminado por las fábulas del Basilisco y las Gorgonas.

De acuerdo con otras descripciones, el Catoblepas sería parecido a un gran búfalo negro, con cabeza de cerdo que le cae hasta el suelo, ya que es tan pesada que le cuesta mucho levantarla, unida al tronco por un largo, delgado y flojo «como un intestino» cuello. Vive aplastado en el barro y sus patas desaparecen bajo la enorme melena de duros pelos que le cubren la cara. Al parecer, se alimenta de hierbas venenosas que humedece con su aliento.

Véase: Basilisco, Gorgonas.

CARIBDIS. Caribdis y Escila eran dos monstruos marinos que acechaban el paso de las embarcaciones por el estrecho de Mesina, entre la Italia peninsular y la isla de Sicilia, según narra la mitología griega. Vivía bajo unas rocas en la isla, y tragaba tres veces al día el agua del mar y otras tantas la devolvía con horribles mugidos, formándose así el remolino que llevó su nombre.

Véase: Dragones, Escila, Serpientes.

CENTAUROS, Los. Según la mitología griega, los Centauros eran seres con cabeza, tronco y brazos humanos, pero el resto del cuerpo era el de un caballo. «El Centauro es la criatura más armoniosa de la zoología fantástica. "Biforme" lo llaman las *Metamorfosis* de Ovidio —escribe Jorge Luis Borges—, pero nada cuesta olvidar su índole heterogénea y pensar que en el mundo platónico de las formas hay un arquetipo del centauro como del caballo o del hombre...».

En las primeras narraciones se los describe «como una raza de gigantes —comenta Vergés Serra— con el cuerpo completamente cubierto de pelo, que habitaban en los montes y selvas de Tesalia y llevaban un vida ruda y salvaje, raptando a veces a mujeres y recorriendo el país como animales».

Posteriormente, aparecen descritos como monstruos que tenían la mitad superior del cuerpo de hombre y la otra mitad de caballo. No obstante, aparecen en las leyendas de dos formas diferentes. «En una como hombres completos de pies a cabeza —sigue diciendo Francisco Vergés—, con la parte superior del cuerpo formada por el cuerpo, la cola y las patas traseras de caballo, mientras que la otra forma les presentaba como hombres desde la cabeza hasta la cintura, y el resto formado por el cuerpo del caballo, con la cola y las cuatro extremidades».

Las más antiguas representaciones muestran un hombre desnudo, al que se ha adaptado —de manera un tanto forzada— la grupa de un caballo. Con el paso del tiempo (frontón occidental del templo de Zeus, en Olimpia) aparecen ya con patas equinas, y de donde debiera arrancar el cuello del animal (por llamarlo de alguna manera), lo hace un torso humano. Aun cuando se hace referencia a su belleza, la Mitología menciona escasamente a la mujer centaura, y existe muy poca iconografía sobre ella.

Ixión, rey de Tesalia, y la nube Nefele, a la que Zeus habría dado la forma y aspecto de Hera, engendraron —según unos— a los Centauros. Para otros, sin embargo, estos curiosos seres serían hijos de Apolo. «Se ha dicho que "centauro" es una derivación de "gandharva" —señala Borges—; en la mitología védica, los Gandharvas son divinidades menores que rigen los caballos del Sol».

No está muy claro el origen del mito, pero podría buscarse en la actitud de cualquier población autóctona al ver los primeros jinetes invasores y la desolación que dejaban a su paso; tal fue el caso de los de Cortés o Pizarro, que fueron tomados por los indígenas como Centauros, tal y como se desprende de un texto de la época: «Uno de aquellos cayó del caballo abajo, teniendo por cierto que todo era una cosa, fue tanto el miedo que tuvieron que volvieron las espaldas dando voces a los suyos, diciendo que se había hecho dos…».

Dado que los primitivos habitantes de Grecia desconocían la equitación, no resultaba arriesgado pensar que al ver llegar a los primeros invasores nómadas, al igual que los aborígenes americanos, creyeran que éstos formaban «un todo» con sus monturas… Sin embargo, a diferencia de los indios, estas gentes conocían los equinos, por lo que cabe también presumir que más que un confusión vulgar debida a la ignorancia, el Centauro fue una imagen metafórica, y —desde luego— deliberada. En ocasiones, cuando aludimos a excelentes jinetes, que han de recorrer grandes distancias, les damos este nombre.

Piritoo, rey de los lapitas (pueblo tesalio), cometió la imprudencia de invitarles a su boda con Hipodamia, ya que éstos, en pleno festín, arremetieron contra su anfitrión, tratando de raptar a la novia y de vio-

Joven Centauro (Museo Capitolino, Roma)

lentar a las mujeres, haciendo honor a su más que merecida fama de brutales y maléficos. En la *Odisea,* Homero describe así el agravio que éstos inflingieron al confiado monarca lapita: «...Con la razón turbada por el vino y furioso, el centauro Euritión cometió actos criminales en el palacio del magnánimo Piritoo...».

Tras este grave incidente, los lapitas se repusieron y vencieron a los Centauros, que se vieron obligados a abandonar las zonas de Tesalia, donde vivían, entre ellas el Monte Pelión. Posteriormente, Hércules exterminó a los supervivientes con certeros flechazos. No deseamos pronunciarnos, pero la mejor forma de detener a una poco disciplinada caballería, más bien una horda, en aquellos tiempos, era la eficaz combinación de una nutrida tropa de arqueros e infantes escogidos.

Estos seres tuvieron pésima fama en el mundo clásico, ya que se les tenía por la encarnación de la ira y la más desenfrenada barbarie, haciéndose tristemente famosos por su irrefrenable pasión hacia el vino, y dado que se sentían atraídos por las mujeres, no dudaban en secuestrarlas y llevárselas a sus abruptas guaridas. Al igual que los lascivos y ebrios sátiros y faunos, entraron a formar parte de los cortejos dionisíacos.

No obstante, algunos Centauros no fueron maléficos. Entre estos destacaron Folo y sobre todo Quirón, que tuvieron una conducta respetable, y a los que la fábula separa de la inhumanidad propias de una estirpe indómita y pugnaz, esclava de sus bajos instintos. La versión más difundida quiere que Quirón tuviera el mismo padre que Zeus, Poseidón y Hades. Cuando Cronos pretendió los favores de la bella ninfa Fílira, lo hizo adoptando la forma de un caballo, para no despertar las justificadísimas suspicacias de su esposa Rea. Al quedar la ninfa embarazada, se refugió en el monte Pelión, alumbrando a Quirón, quien no tardó en evidenciar tanto su fuerza como sus atributos divinos. En la *Ilíada* se le describe como «el más justo de los Centauros». Fue maestro de personajes tan notables como Esculapio, Aquiles, Néstor, Orfeo, Teseo y Jasón (siguiendo con el mito, puede suponerse que los invasores van asimilando poco a poco el saber de los invadidos, hasta el punto de convertirse en maestros y consejeros). Pese a su divino origen, Quirón tuvo una muerte violenta, alcanzado por una flecha infectada con el veneno de la Hidra de Lerna.

En la Antigüedad hubo autores que negaron la existencia de los

Centauros, como Tito Lucrecio, en su *De rerum natura,* aunque otros, como Plinio el Viejo, la admitieron.

Véase: Faunos, Hidra, Sátiros, Silenos.

CÍCLOPES. Personajes de la mitología griega, de aspecto humano, estatura gigantesca y un único ojo en medio de la frente. Eran hostiles y de naturaleza maléfica.

Según las fábulas existían diversas clases de Cíclopes. Unos era constructores y a ellos se les atribuyen los muros de los palacios helénicos. Otros, denominados, uranios, eran hijos de Urano y Gea y personificaban los fenómenos atmosféricos. Sus nombres eran Arges, Brontes, Steropes… y personificaban el rayo, el trueno y la tempestad. En la época helenística surgió la leyenda de los Cíclopes operarios de Hefesto, hijo de Zeus y Hera, expulsados del Olimpo (el Vulcano de los romanos, dios del fuego y protector de la metarulgia), que vivía y trabaja en la isla de Lemnos. Este y sus auxiliares formaban el escudo de Aquiles. Según las leyendas, el ruido y las chispas producidos en su fragua brotaban por los volcanes Etna y Strómboli.

El más célebre de todos ellos, sin embargo, fue Polifemo, pastor e hijo de Poseidón, de estatura descomunal, que le hacía destacar entre los suyos, hirsuto y salvaje. Estaba dotado de fuerza prodigiosa, pero carecía de inteligencia y de astucia; puede ser —por lo tanto— considerado como arquetipo de la fuerza bruta, invencible aparentemente, pero impotente frente al poder del intelecto. Una leyenda narra su amor por la ninfa Galatea, pese a que ésta le despreciaba, ya que amaba a Acis, al cual el despechado Cíclope dio muerte.

Homero cuenta en la *Odisea* cómo Ulises y sus compañeros fueron capturados por éste. Pero el hijo de Laertes y Anticlea (rey de Ítaca), valiéndose de su astucia y explotando las muchas debilidades del gigante, consiguió cegarle y huir de la caverna en que estaban cerrados, ocultándose entre los vellones de las ovejas que salían.

> «…llegamos a las tierra/ de los cíclopes soberbios y sin ley,/ que confiados en los dioses inmortales/ no plantan árboles, ni labran campos… No tienen ágoras para deliberar,/ ni leyes tienen. Viven en profundas cavernas/ en las cumbres de las montañas,/ dominando a sus

mujeres y sus hijos/ y sin ocuparse de los demás...»

(Descripción que hace en la *Odisea* Ulises de los Cíclopes y de su isla.)

«...y un hombre gigantesco y solitario,/ un huraño pastor que no vivía/ entre sus semejantes, sino aparte, sin aspecto/ de hombre que come pan, como ingente/ e inasequible cima de montaña boscosa y alejada...»

(Así describe Homero, por boca de Ulises, al monstruoso Polifemo.)

«Forastero, o vienes de lejos,/ o eres un simple, si de tal manera,/ me exhortas al respeto de los dioses./ Los cíclopes no temen a dios alguno,/ ni siquiera a Zeus, por ser más poderoso.»

(Cínica y soberbia respuesta del Cíclope a Ulises, cuando él le solicitaba hospitalidad para él y para los suyos, en nombre de los dioses.)

Casi sin proponérselo, encontramos alguna similitud entre el tristemente famoso Polifemo y el gigante bíblico, el filisteo Goliat. No se trata de un Cíclope, pero sí de un luchador de talla tan fuera de lo común, tan feroz y despiadado, con una terrible fortaleza física, que se permite desafiar a los mejores campeones del bando israelita. Finalmente, sucumbe ante el pastor David (lo que una vez más demuestra que «no hay enemigo pequeño»), quien más astuto que valiente se atreve a aceptar el desigual duelo, armado con su cayado y una simple honda.

Cuando el filisteo vio aproximarse al muchacho, debió de haber pensado que allí «había gato encerrado» o, al menos, pensar en una trampa o emboscada. En lugar de ello, desprecia al joven David, diciéndole: «¿Crees que soy yo un perro, para venir contra mí con un cayado?»: (Samuel, 17-43) ...El resto ya lo sabemos... El estulto Goliat acabó perdiendo la cabeza, en el más pésimo de los sentidos...

Véase: Gigantes, Ojancanu, Ser Abominable, Tartalo.

CIERVA DE CERINIA, La. Se trata del cuarto de los trabajos encomendados por el mezquino rey Euristeo a su primo Hércules.

Este veloz animal tenía patas de bronce y cuernos de oro como los de un macho y había sido consagrado a Artemisa (la romana Diana), diosa de la caza.

Durante un año Hércules la persiguió incansablemente, pues debía capturarla viva, recorriendo durante este tiempo muchos países, hasta que la cierva, agotada, se refugió en un monte. Hércules disparó una de sus flechas, alcanzándola en una de sus patas delanteras, sin derramar sangre alguna, puesto que era de metal.

Concluida su misión, el héroe emprendió la marcha, saliéndole al paso la propia diosa Artemisa, que le reprendió por haber capturado a uno de sus animales favoritos. Sólo consiguió que ésta le dejase partir cargando toda la culpa del incidente al rey Euristeo.

CIERVA DE GENOVEVA DE BRABANTE, La. Genoveva, hija de un duque de Brabante —dotada de un gran belleza y notorias virtudes—, casó con Sigfrido, conde de Tréveris, quien poco después marchó a la Cruzada, dejándola al cuidado de su mayordomo, el torcido Golo. Al poco tiempo, éste se atrevió a asediarla, llevado de las más impúdicas intenciones, siendo rechazado una y otra vez por la fiel y resignada Genoveva.

Despechado ante tales negativas, y temiendo que al regreso del conde fuese denunciado, Golo la acusó de adulterio, siendo condenada —según las duras leyes de la época— a muerte junto con su hijo recién nacido. Los verdugos que, sin duda, deberían conocer muy bien a Golo, movidos por la piedad no se atrevieron a cumplir la sentencia, y se limitaron a abandonar a la madre y al recién nacido en un bosque. Allí pudo sobrevivir el niño gracias a una cierva que le proporcionaba leche. Tiempo después, durante una cacería, el conde Sigfrido los encontró y fue probada su inocencia. Golo fue condenado al terrible suplicio de ser despedazado por cuatro caballos... Sin embargo, las penalidades habían debilitado la salud de la virtuosa mujer, hasta el punto de que todos los cuidados que se le prodigaron fueron inútiles.

Esta leyenda medieval ha servido de tema para varias obras dramáticas y alguna ópera.

CINOCÉFALOS. John de Mandeville escribió en pleno Medievo, que «cruzando el océano más allá de muchas islas, se llega a una, hermosa y grande, llamada Nacumera, cuyo perímetro mide más de mil millas. Todos sus habitantes tienen cabezas de perro y son llamados Cinocéfalos (o "cabezas de perro").»

El mito de los hombres con cabeza de perro pudo haber surgido de la contemplación de antiguas imágenes de genios o demonios; tal vez, presenciando rituales en los cuales fueran utilizadas unas determinadas máscaras, y en último caso, de cierta especie de grandes monos, de aspecto canino, por su forma de andar y su prominente hocico.

El veneciano Marco Polo, que creía en este mito, afirmó que estas gentes vivían en el Golfo de Bengala (archipiélago de Andamán).

Resulta bastante sorprendente el hecho de que San Cristóbal aparezca en representaciones orientales con cabeza de perro. Según una historia —que se remontaría a los primeros tiempos del cristianismo— el santo, debido a su apostura, era el blanco de las insinuaciones de algunas mujeres casquivanas… Afortunadamente, la Providencia acudió en su ayuda, proporcionándole una desagradable cabeza canina.

En aquellas fechas, todavía se tenía idea del culto al dios egipcio Anubis (dios de los muertos, con aspecto de perro negro o de hombre con cabeza de perro). En otras mitologías, el perro está relacionado con los Infiernos, y los lobos, conducen a las almas para ser juzgadas. Claro ejemplo de la capacidad de la nueva fe para apropiarse y asimilar creencias anteriores.

Si bien algunas culturas consideran al perro como animal despreciable («Como perro que vuelve a su vómito es el necio que repite sus necedades», Proverbios, 26-11), olvidando su habitual fidelidad y los servicios prestados a los hombres; otras, en cambio, habiendo apreciado su utilidad y cualidades, se aprecian de tener alguna relación con este animal —caso de algunos pueblos de América del Norte— que incluso se vanagloriaban de creerse sus descendientes, como las tribus «koniagas», por ejemplo.

CISNES CELTAS. Los. Se trata de una antiquísima historia de la mitología celta, en la que William Shakespeare se inspiró para su *Rey Lear.* A Lir, padre del dios marino Manawydan, le fue negado el acceso al trono de los Tuatha, al que tenía legítimo derecho.

Tras su fracaso se retiró a sus dominios del norte de Irlanda, pero, para desagraviarle, el usurpador le dio como esposa a la mayor de sus tres hijas adoptivas, de quien hubo una hija y tres varones que, al ser muy queridos por su abuelo, provocaron los injustificados celos de la esposa de Lir, quien tramó su muerte. Sin embargo, como eran muy queridos por el pueblo, nadie quiso matarlos, y ni su madre tuvo valor para hacerlo. Entonces los convirtió en cisnes, y así los desterró durante novecientos años, cada trescientos en diferentes lugares del país. Finalmente, el encantamiento se rompió, mediante unas bodas reales, que limaron todas las asperezas.

CORDERO VEGETAL DE TARTARIA o BAROMETZ. La leyenda del Cordero Vegetal de Tartaria (mitad animal, mitad planta) hunde sus raíces en la Edad Media y procede de los viajeros que recorrían el Lejano Oriente.

Se trata de una planta denominada «Planta Tartárica Barometz» («barometz» en tártaro significa «cordero») o también «Polipdio Chino» o «Polypodium Barometz», cuya forma es la de un cordero, cubierto de pelusa dorada. Se eleva sobre cuatro o cinco raíces, y las plantas mueren a su alrededor, mientras que ella —por algún tiempo— se mantiene lozana. Cuando la cortan sale de ella un jugo sangriento, y los lobos se deleitan en devorarla. Así la describía el médico y erudito inglés Thomas Browne (siglo XVII), en su *Pseudodoxia Epidemica.*

Fruto de este curioso animal-árbol (o árbol-animal, si se prefiere) era el algodón, que al ser desconocido por los viajeros europeos del Medievo fue confundido con la lana, y dado que la lana procede del cordero, surgió inevitablemente la fabulación. Se creyó que el algodón era obra de los animales que crecían en el árbol y que permanecían unidos a él, mediante un cordón umbilical. La planta se inclinaba para que los corderos pudieran pacer, pero cuando la hierba se agotaba, se producía la muerte de éstos y de la planta misma.

Tal como hemos visto, y seguiremos viendo a lo largo de este elemental Tratado, lo habitual es la combinación entre personas o animales, seres dotados de mayor o menor apariencia humana o la de diversos animales entre sí. En el caso del Cordero Vegetal de Tartaria, se habrían acoplado entre sí los reinos animal y vegetal.

D

DAGÓN. Los filisteos eran un pueblo aguerrido, aunque no muy numeroso, relacionado con la invasión de los «Pueblos del Mar», que se produjo a finales del siglo XIII a. C. Invadieron las costas de Asia menor, Siria y Egipto, propiciando la caída de la Troya homérica y del Imperio hitita. Los hebreos los suponían originarios de Creta, tal y como en la actualidad lo afirman algunos investigadores, aunque por su forma de vestir, lenguaje y costumbres parecen provenir de la península de Anatolia. Lo cierto es que se instalaron en Palestina —de ahí su nombre— antes de la salida de los hebreos de Egipto (Éxodo, 13-17).

Se discute, no obstante, el lugar de su primitivo origen, que numerosos indicios sitúan en Iliria (península Balcánica), y algunos estudiosos europeos los relacionan con la Cultura de Halstatt (introdujeron el uso del hierro en Palestina, aun cuando se reservaron el monopolio del mismo).

Son los únicos «Pueblos del Mar» mencionados en la Biblia, lo que permite suponer que debieron aglutinar los restos de otros menos conocidos. Fundaron importantes ciudades en la costa, como Askhalon, Ashold o Gaza. Allí habrían de encontrarse, años más tarde, con los hebreos, con los que tuvieron enfrentamientos tan importantes como habituales. Finalmente, fueron derrotados y acabaron sojuzgados por diversas denominaciones.

Su cultura era poco original y adoptaron los dioses de los territorios que ocupaban. Dagón era el principal, con figura mitad pez y mitad hombre. Se le rendía culto en dos principales santuarios, uno en Ashold (o Azoto) y el más notable en Gaza. Adoraban también a

Astarté, como diosa de la guerra, y en Askhalon (o Ascalón) a Baal-Zebul, «Señor de la tierra».

En La Biblia se relatan, detalladamente, las luchas entre hebreos y filisteos, especialmente, las aventuras y desventuras del fornido, pero poco avisado juez Sansón, que han dado lugar a variada filmografía, bastante relacionada con este dios (mezcla de hombre y de pez).

Dagón (o Dagán) había sido la principal deidad de Mari (actual Tell Hariri), antigua urbe del Éufrates, situada en el límite entre Mesopotamia y Siria. En el II milenio a. C. había sido sede de una poderosa dinastía de semitas amorreos, derrotados por Hammurabi (hacia 1760 a. C.). Las excavaciones han ido aportando numerosos e interesantes hallazgos. Se le consideraba —ejemplo típico del dios civilizador— inventor del arado, y padre del dios cananeo Baal. Figuraba también en el panteón de Ur, Ugarit (donde sólo le superaba el dios supremo, El) y otras ciudades mesopotámicas, así como en Asiria y en la Costa del Mediterráneo (Palestina).

Véase: Hombre-Pez, Oannes, Serpiente Emplumada.

DANAIDES. Nombre de las cincuenta hijas de Danao, también llamadas «Bélidas», por sus antepasados «Belos». Eran una especie de ninfas de los manantiales de la Argólida (Peloponeso). Acompañaron a su padre cuando emigró desde Libia a Grecia, huyendo de su hermano Egipto o Aegypturo. Cuando los hijos de éste quisieron casarse con ellas, Danao fingió aceptar, pero ordenó a sus hijas los asesinasen en la noche de bodas. Una de estas Danaides, Hipermnestra, perdonó a su marido, Linceo.

Enfurecido Danao con Hipermnestra por no haber acatado sus órdenes, quiso condenarla, pero la diosa Afrodita, compadecida de ella, la resguardó. Cuando Linceo supo la verdad, enfurecido, dio muerte a Danao y a sus hijas, y se apoderó de Argos. Las Danaides, con excepción de la compasiva Hipermnestra, fueron condenadas en el Hades a llenar una vasija sin fondo.

Esquilo utilizó este mito en su obra *Las Suplicantes.*

Véase: Anjanas, Dones d'Aigua, Náyades, Nereidas, Ninfas, Sirenas, Xanas.

DELFINA o DELFINETA. Hermana del monstruo gigante Tifón, y guardiana de Zeus, al que —tras mutilar de ambas extremidades— secuestraron y encerraron en una caverna. Sin embargo, Zeus consiguió reponerse y huir, y ya libre, fulminó a ambos. Las descripciones del mito y sus variantes coinciden en su aspecto de *medio mujer, medio serpiente.*

Heracles (o Hércules), hijo de Zeus, la confinó en una cueva o túnel.

Véase: Elfa, Serpientes, Tifón, Tragantía.

DEVORADOR, El. En el antiguo Egipto, capítulo importantísimo de la vida de ultratumba lo constituía el juicio, que inicialmente no pasaba de ser una vulgar manera de inquirir determinadas faltas, como causar daños a las tumbas u otras pequeñeces, «pero con el tiempo y la incorporación de Osiris —recuerda el profesor Presedo Velo—, se transforma en un juicio moral sobre la conducta del difunto, que busca ser justificado».

El difunto comparecía ante un tribunal, presidido por el propio Osiris y compuesto por cuarenta y dos jueces (este número podía ser variable) que representaban los actos negativos, considerados «canallescos» o «pecaminosos». Si era hallado culpable, se le condenaba a una especie de «segunda muerte», en la que se incluían una serie de castigos terribles, entre ellos el ser entregado a cierto monstruo, denominado «el Devorador» o «el Devorador de Occidente», mezcla de hipopótamo, cocodrilo y león, que daba buena cuenta de los réprobos acto seguido.

En la iconografía egipcia relacionada con tan tremendo juicio, aparece frecuentemente la imagen de «el Devorador», con algunas diferencias, según las épocas.

DIABLO DE LOS MARES, El. Un personaje erudito, el Abate de Choisy, pretendió haber visto en el Atlántico Norte algo verdaderamente terrorífico. Se trataba del llamado Diablo de los Mares, una especie de raya gigantesca, capaz de volar y dejarse caer sobre las embarcaciones, hudiéndolas.

«Cierto es que las rayas pueden levantarse hasta cuatro o cinco metros sobre el nivel de las aguas —comenta Néstor Luján—, pero ésta del Abate de Choisy era realmente monstruosa: Tiene dos cuernos como un toro y entre ellos lleva un pececillo gris que le sirve de piloto y le avisa, picándole cuando ve la presa.»

En la actualidad sabemos que ninguna de las especies de rayas o manta-rayas suponen peligro alguno para la navegación ni para el ser humano, dado que su régimen alimenticio y su limitado tamaño (seis o siete metros de envergadura, las más grandes); otra cosa podría ser su temible aguijón venenoso, especialmente entre las especies de agua dulce (caso de las que habitan en el río Amazonas).

DJINNS (YINNS o JINAS). Al parecer, la palabra árabe «djinn» o «yinn» provenía, según algunos investigadores, de la misma raíz que la palabra «genio», que se encuentra en todas las lenguas arias, y que corresponde a un tipo de espíritus burlescos a los que les encanta divertirse a costa de lo humanos.

«Los teólogos mahometanos —comenta Magdalena del Amo— creen en la existencia de dos clases de seres espirituales por encima del hombre: los ángeles y los Jinas (o Djinns)…

…Los Jinas, espíritus de categoría inferior, se entrometen constantemente en la vida humana, hasta llegar… a veces a cotas insospechadas para un occidental…»

«Alá, según la tradición islámica, hizo a los ángeles con luz, a los Yinns con fuego y a los hombres con polvo —escribe Borges—. Hay quien afirma que la materia de los segundos es un oscuro fuego sin humo. Fueron creados dos mil años antes de Adán, pero su estirpe no alcanzará el día del Juicio Final.»

Al-Qazwini afirmaba que eran como «vastos animales aéreos de cuerpo transparente, capaces de asumir varias formas», unas veces la figura de una persona, otras la de una fiera, la de un escorpión o la de un reptil. Generalmente, su aspecto es tan desagradable como extraño, ya que suelen tener forma humana, boca de perro, pies de vaca y pelo de cordero. Según algunas tradiciones habitarían una denominada «Tercera Tierra» (especie de mundo subterráneo), ya que Iblis —tam-bién llamado Seitán—, el Demonio de la religión islámica, es su padre y señor.

Algunos son creyentes; otros, en cambio, heréticos o ateos. «Pueden atravesar un muro macizo o volar por los aires o hacerse bruscamente indivisibles. A menudo llegan al cielo inferior, donde sorprenden la conversación de los ángeles sobre los acontecimientos futuros; esto —afirma Borges— les permite ayudar a magos y adivinos. Ciertos doctores les atribuyen la construcción de las Pirámides o, por orden de Salomón, hijo de David, que conocía el Todopoderoso Nombre de Dios, del Templo de Jerusalén.»

Los Djinns más maléficos, cometían diversos desafueros, entre ellos, hacer la vida imposible a las buenas gentes, arrojándoles piedras, raptando con fines lujuriosos a las mujeres más hermosas o causando terribles tormentas de arena en el desierto. Para conjurarlos es preciso invocar con devoción el nombre de Alá, el Clemente, el Compasivo.

Su morada más común, al igual que la de los otros seres malignos de las antiguas mitologías orientales son las ruinas, las casas deshabitadas, los pozos vacíos, los cauces. «…Allí ya no habrá reino y desaparecerán todos sus grandes. En los palacios crecerán las zarzas, en sus fortalezas las ortigas y los cardos, y serán morada de chacales y refugio de avestruces. Perros y gatos salvajes se reunirán allí, y se juntarán allí los sátiros. Allí tendrá su morada el fantasma nocturno…" (Isaías, 34-12/14).

Véase: Duendes, Faunos, Genios, Kel Essuf, Rul, Sátiros, Silenos, Yenun.

DONES D'AIGUA. Se trata de seres fabulosos presentes en los mitos catalanes. Habitan en los bosques, pozos, fuentes, pantanos, cuevas subterráneas, etcétera, aunque preferían los lugares donde abundase el agua pura. Presentaban forma de mujeres de belleza extraordinaria, aunque la mitad del cuerpo fuera de ave o de pez. Se las suponía guardianas de tesoros y sus intervenciones en los asuntos humanos, eran benéficas.

Existe una gran similitud entre estas Dones d'Aigua y otros seres que aparecen en las leyendas de muchos pueblos indoeuropeos, y que en la Península Ibérica están relacionados con los mitos astures, cántabros y vascuences.

Véase: Anjanas, Erreka-Mari, Lamiñas, Nereidas, Ninfas, Sirenas, Xanas.

DRAGONES. Como sabemos, los dinosaurios desaparecieron —al menos oficialmente— de la Tierra hace muchos millones de años. Por lo tanto, el hombre no pudo haber sido testigo presencial de su existencia. Pudo, sin embargo, y los hechos lo demuestran, aparecer tal leyenda cuando los hombres primitivos encontraron sus restos y llegaron a la conclusión, bastante cercana a la realidad, de que debieron pertenecer a gigantescas bestias con aspecto de reptiles gigantes... La imaginación y las creencias míticas y religiosas, hicieron el resto.

> El dragón posee la capacidad de asumir muchas formas, pero son inescrutables. En general lo imaginan con cabeza de caballo, cola de serpiente, grandes alas laterales y cuatro garras, cada una provista de cuatro uñas. Se habla asimismo de sus nueve semblanzas; sus cuernos se asemejan a los de un ciervo, su cabeza a la del camello, sus ojos a los de un demonio, su cuello al de la serpiente, su vientre al de un molusco, sus escamas a las de un pez, sus garras a las del águila, las plantas de sus pies a las del tigre y sus orejas a las del buey. Hay ejemplares a quienes les faltan las orejas y que oyen por los cuernos. Es habitual representarlos con una perla, que pende de su cuello y es emblema del Sol. En esa perla está su poder. Es inofensivo si se la quitan.
>
> *El Libro de los Seres Imaginarios,* Jorge Luis Borges

Sin embargo, las más habituales representaciones le atribuyen un cuerpo voluminoso, con aspecto de reptil, garras de león, alas de águila, cola (o colas) de aspecto serpentino y aliento abrasador, cubiertos de escamas y arrojando fuego de sus fauces.

El dragón fue —durante siglos— emblema del imperio chino y símbolo nacional del País de Gales. Su muerte a manos de un héroe es leyenda muy difundida. Para la cultura occidental, estas bestias representaban «el Mal», devoraban a las gentes y custodiaban tesoros en el fondo del mar, o en las entrañas de la tierra; algunas veces eran carceleros de hermosas doncellas, a las que se debía rescatar. Su presencia, especialmente el vuelo nocturno, presagiaba guerras, epidemias y otras calamidades. El dragón del Apocalipsis («...Apareció en el cielo otra señal, y vi un dragón de color del fuego, que tenía siete cabezas y diez cuernos, y sobre las cabezas siete coronas...» Apocalipsis, 12-3) ha dado origen a que sea considerado símbolo de Satán y de ahí que sea frecuentemente representado vencido por el arcángel Miguel.

El Dragón en China, no obstante, era un animal benéfico. Habitaba en el cielo y era presagio de buena suerte y excelentes cosechas, mientras que en Occidente debe ser combatido y exterminado.

La leyenda occidental del «matador de dragones» ofrece numerosas versiones, por lo general sangrientas (caso de San Jorge, que consiguió exterminar al dragón que tenía atemorizado a los habitantes de una ciudad y custodiaba una hermosa princesa en un castillo, hazaña que, al declararse cristiano, le costó la vida), aunque algunas veces, no falta un cierto toque de humor. El animal es engañado, embriagado o, aprovechando su voraz apetito, envenenado (Medea ayuda a Jasón a conseguir el «vellocino de oro», durmiendo al dragón que celosamente custodiaba la encina en la que estaba colgado el valioso trofeo). Acabar con tan pérfida bestia era la hazaña que culminaba la carrera de casi todos los héroes de la Antigüedad: Hércules, Sigfrido, Beowulf, San Miguel, San Jorge, y… ¡cómo no!, los personajes de la Tabla Redonda (el mítico Rey Arturo y sus caballeros Tristán y Lancelot).

Aparte del acceso a objetos preciosos y la liberación de hermosas cautivas, la muerte de los dragones (el dragón-hombre Grindel de la *Gesta de Beowulf* o el terrible Fafnir, muerto por Sigfrido) proporcionaba el acceso a extraños conocimientos para unos o la invulneravilidad para otros. Sin embargo, y pese a la mala fama que tenían en Occidente, no todos los dragones eran malignos. Plinio el Viejo narra la historia de un tal Thoas de Arcadia, amigo de un dragón, el cual le salvó del ataque de unos bandidos.

La gente creyó en su existencia hasta épocas bastante recientes. Así, en Austria, en el siglo XVI, fueron públicamente exhibidos los restos fosilizados de un rinoceronte lanudo creyendo que se trataba de los de un dragón cavernícola. El cráneo se conservó en un salón del Ayuntamiento de Klagenfurt, donde permaneció hasta finalizada la II Guerra Mundial. Por estas fechas Konrad von Gesner pretendió, en su extensa, aunque escasamente original obra, dar a tales creencias un cierto carácter científico.

A principios de siglo siguiente, Edward Topsell, en su *Historia de los cuadrúpedos,* escribía: «Conservan la salud —como afirmaba Aristóte-

El típico «matador de dragones» de la leyenda occidental.

les— comiendo lechugas silvestres que les hacen vomitar cuando han tomado cualquier alimento nocivo. El peor de todos es la manzana porque sus estómagos propenden a llenarse de aire. Por ello jamás comen de ese fruto sin ingerir primero lechugas silvestres».

Sin embargo, en la actualidad, el mito está muy desacreditado, sin duda, por el uso y abuso del mismo.

Abundando en lo dicho, para la filosofía del Lejano Oriente, se trataba de seres bondadosos que, simbolizaban, además, la lluvia, la niebla y el viento. «La cosmogonía china enseña que los Diez Mil seres (el Mundo), nacen del juego rítmico de dos principio complementarios y eternos, que son el Yin y el Yang. Corresponde al Yin la concentración de la oscuridad, la pasividad, los números pares y el frío —escribe Jorge Luis Borges—; el Yang, el crecimiento, la luz, el ímpetu, los números impares y el calor. Símbolos del Yin son la mujer, la tierra, el anaranjado, los valles, los cauces de los ríos, y el tigre; del Yang, el hombre, el cielo, el azul, las montañas, los pilares, el dragón.» Además, el dragón chino es uno de los «cuatro animales mágicos» (los otros son el Unicornio, la Tortuga y el Fénix).

En Corea cada río y cada corriente de agua tenía su dragón protector. En el centro y norte de China eran deidades de la lluvia, que irrigaban los arrozales y con su aliento formaban las nubes. Provocaban torbellinos en la tierra y trombas de agua en el mar, y cuando salían de sus madrigueras humeantes y se remontaban hacia las nubes, a las que destrozaban con sus garras, originando la lluvia. Existen testimonios fechados hacia el 503 a. C., según los cuales dos de estos dragones lucharon en una laguna y expelieron por sus fauces una tan espesa niebla que envolvió toda la comarca de Liang. Así, durante mucho tiempo se creyó que los hermosos cantos rodados de ciertos arroyos de montaña eran huevos de dragón, y que, cuando eran heridos por el rayo, dejaban en libertad pequeños dragoncillos que volaban hacia el cielo.

La mitología y las primeras crónicas históricas (siempre a caballo entre una más que dudosa rigurosidad y las leyendas) les llegaron a atribuir la paternidad de los primeros emperadores, personajes históricamente confusos, como suelen serlo los monarcas de las etapas protohistóricas. Uno de estos dragones surgió del Río Amarillo y reveló a uno de aquellos legendarios personajes el conocido diagrama circular que simboliza el recíproco juego del Yin y el Yang. Por otra parte, en el *I Ching: Cánon de las Mutaciones,* el Dragón representa la «Sabiduría».

«Durante siglos, el Dragón fue el emblema imperial —recuerda Borges—. El trono del emperador se llamó el Trono del Dragón; su rostro, el Rostro del Dragón. Para anunciar que el emperador había muerto, se decía que había ascendido al firmamento sobre un Dragón.»

Los dragones chinos solían adoptar diferentes colores: el negro para la destrucción; el amarillo para la muerte, y el azul para anunciar el nacimiento de un gran personaje (así cuando nació Confucio, hacia el 550 a. C., dos dragones de este color volaron sobre la casa en que se produjo el acontecimiento).

Podían experimentar —como ya hemos indicado— sorprendentes metamorfosis; desde brillar en la oscuridad o hacerse invisibles, hasta reducirse a un tamaño insignificante o crecer ocultando cielos y tierra. Dormían en el fondo de los mares —en palacios de perlas— y su voz podía ser tan agradable como el tintineo de campanillas de cobre. Los chinos creían más en ellos que en las tradicionales deidades, tanto en cuanto creían verlos, con frecuencia, en las cambiantes nubes (todos sabemos que éstas pueden adoptar las más caprichosas formas, habiendo llegado algunas veces a producir verdaderas ilusiones ópticas). Curiosamente, Shakespeare había observado la existencia de estas nubes en forma de dragón *(Sometimes we see a cloud that is dragonish).*

Sus supuestos huesos y dientes, han sido y son todavía uno de los fármacos más divulgados de la tradicional medicina china, aunque se trate —con toda seguridad— de restos de fósiles de animales prehistóricos, y se expenden en forma de grano o polvo.

Temeroso de lo desconocido, el hombre primitivo, incapaz de encontrar explicación a determinados fenómenos que no podía comprender, imaginó un inframundo tenebroso en el que cada noche desaparecían el sol y las tinieblas se apoderaban de la tierra y con ellas eran liberadas las fuerzas del Mal. De este abismo surgía el dragón que respiraba fuego, el imaginario instructor primigenio y prototipo del hombre, gigantesco ser procedente del mundo inferior poblado por las más variadas y terribles criaturas reptilianas. Cuando se mezclaron y agrandaron sus características, añadiéndoles un aura maligna, se fraguó el mito del típico monstruo llamado por la Biblia «dragón o serpiente antigua».

A través del espacio y del tiempo, en diferentes culturas, no importa lo distante que éstas fueran, los dragones fueron aumentando de tamaño, les crecieron alas, les brotaron varias cabeza, exhalaban vapores letales, y fueron divididos en diversas especies, según determinadas características y el medio en que se movían, y llegaron a ser una veces benignos y otras maléficos. Aparecen en Egipto y Mesopotamia hacia el año 3000 a. C. y poco después en la India. La mitología clásica abunda en estremecedores combates entre héroes sometidos a duras pruebas y criaturas espantosas, compuestas de partes mal casadas de bestias no menos terribles, o mitad ser humano y mitad animal feroz (caso del célebre Minotauro).

Así, en la antiquísima epopeya de Gilgamesh se habla del «fiero Huwawa» (o Humbaba), una especie de mezcla «contra natura» de gigante y dragón: «El rostro de Huwawa tiene un aspecto asombroso./ El grito de Huwawa es la tempestad, su boca vomita fuego y su aliento es mortal…». No es mera coincidencia, ni producto de la superstición el hecho de que durante siglos los europeos consideraron al dragón como la encarnación suprema de todos los males, llegando a culparles, incluso, de las terribles epidemias que asolaban a gran parte del planeta. Ignorantes de la existencia de los microorganismos, creían que era la divina cólera la que dictaba al dragón tales estragos («…su boca vomita fuego y su aliento es mortal…»).

En la Cólquida (costa sudoriental del Mar Negro), un terrible dragón custodiaba el «vellocino de oro», del que hemos hablado. Jasón y sus Argonautas hubieron de recurrir a un ingenioso ardid para dormirle y apoderarse del trofeo. Otro dragón, llamado Ladón, el de «las Cien Cabezas», custodiaba las manzanas de oro del Jardín de las Hespérides (hijas del dios Atlas y nietas del dios Hespero).

Según antiquísima tradición, cuando Atanasio y Teodoro, fieles discípulos de Santiago «el Mayor», arribaron a las costas gallegas para sepultar los restos del Apóstol, les salió al paso un fiero dragón, que arrojaba fuego por sus fauces y cuyo aliento era pestilente. En la actualidad, en la localidad de Redondela (Pontevedra) se celebra la fiesta de «A Coca», en recuerdo del fabuloso monstruo.

Entre la etnia hausa (norte de Nigeria), se narra una leyenda sobre un dragón que escogía cada noche una víctima para devorarla, hasta que un joven nativo, Dan-Hanta, logró matarlo arrojándole a las fauces piedras enrojecidas de fuego.

Antiquísimos relatos precolombinos mencionan a un despiadado dragón volador que hacía imposible la vida de las tribus que vivían cerca del lago que le servía de guaridas y contra el que nada podían con sus flechas o sus lanzas, por su fuerza e inusitada rapidez. Finalmente, un héroe conocido como el «Portador del Cielo» consiguió exterminarlo.

Véase: Apop, Caballo de Agua, Caribdis, Escila, Issa Beer, Kenabeck, Kraken, Leviatán, Morag, Nessie, Serpientes, Serpiente Emplumada, Serpiente de Mar, Tompodrano, Yetso.

DRÍADAS, Las. Se trataba de ninfas de los bosques y selvas, consideradas como el alma de los árboles, en los que moraban, unidas a los cuales vivían y morían. Estos árboles no podían ser profanados ni por la mano del hombre ni por el hacha, lo que, en cierto modo, resultaba beneficioso para la conservación de éstos. Si era preciso talarlos, los sacerdotes, mediante determinados ritos, debían asegurarse que no estuvieran habitados por éstas.

Una de estas ninfas, Eurídice, casó con Orfeo (extraordinario músico y cantor) y murió de una mordedura de serpiente. Los infructuosos intentos de su marido por devolverla a la vida constituyen una interesante y hermosísima historia.

Véase: Driope, Ninfas.

DRIOPE. Única hija del rey Driops. Cierto día, cuando apacentaba cerca del monte Eta (entre Tesalia y Macedonia) los rebaños de su padre, las Dríadas la invitaron a tomar parte en sus juegos. Enamorado Apolo (hijo de Zeus y Latona, y hermano de Artemisa) de su belleza, la deseó y, transformándose en tortuga, se le acercó. La muchacha al verla se la puso en el regazo y éste, transformado en serpiente, la poseyó.

Driope calló lo sucedido y se casó pronto con Andremón. El hijo nacido de la unión con Apolo se llamó Anfiso, quien con el tiempo fundaría una ciudad al pie del Eta. Las Dríadas, que una vez fueran sus compañeras de juegos, la raptaron y en aquel mismo lugar creció un álamo (árbol dedicado a Hércules) y surgió una fuente.

Véase: Dríadas, Elfa, Ninfas.

DUENDES. Se denominan así a ciertos espíritus o entidades, que —según las gentes supersticiosas— habitan en algunas casa, causando en ellas estruendos y trastornos. Por extensión se dice de cualquier cosa que posea cierto encanto misterioso; así se dice, por ejemplo, del «Duende y Misterio del Flamenco».

No todas estas «misteriosas entidades» son malignas, las hay amistosas y benéficas (generalmente de pequeño tamaño, orejas puntiagudas, larga cola y apariencia simiesca y muy ágiles, que recuerdan a los simpáticos protagonistas de las serie televisiva *Los Diminutos;* tal sería el caso de los famoso «duendecillos» y sus afines. Sin embargo, son más abundantes los que no son ni amistosos ni benéficos, poseedores de un muy especial «sentido del humor», por no hablar de maldad, dedicados a mortificar a los humanos con pesadas bromas, algunas de éstas fatales. Abundan los testimonios, al respecto, aunque ni deseamos extendernos sobre ellos, ni mucho menos pronunciarnos.

Véase: Brownies, Djinns, Elfos, Genios, Gnomos, Trasgu, Trenti.

E

EGERIA (la Ninfa). Según la mitología romana, Egeria era una especie de Ninfa de las aguas, relacionada con los cultos de Diana y Nemi, y a la que las mujeres invocaban para que les permitiera dar a luz felizmente.

A esta Ninfa del Lacio acudían los romanos a consultar sus dudas, y el propio Numa Pompilio (de origen sabino, sucesor de Rómulo) fingía que sus actos de gobierno se los inspiraba Egeria. Los romanos reverenciaron a su segundo monarca como autor del ceremonial religioso y por su sabiduría y piedad; de ahí proviene la frase «tener la Ninfa Egeria», para indicar que una persona recibe la inspiración de otra.

Según el relato mitológico, al morir su esposa, ésta se retiró al bosque de Aricia (en el Lacio) y Diana la transformó en una fuente.

Véase: Ninfas.

ELFA o ELPHA (la Mujer-Serpiente).

> «Ya salían de Ansarera los infantes de Carrión,/ caminan de día y de noche, sin reposar nunca, no;/ a la izquierda queda Atienza que es fortísimo peñón;/ la sierra de Miedes pasan, detrás de ellos se quedó,/ y ya por los Montes Claros aguijan el espolón; dejando a la izquierda Griza la que álamos pobló,/ allí están las cuevas en las que a Elfa encerró;/ San Esteban de Gormaz a la diestra se quedó…»
>
> *Poema de Mío Cid*

Parece desprender de este fragmento del *Poema de Mío Cid* una clarísima alusión a la terrible hermana del monstruoso Tifón, fulminado por Zeus, tras haber intentado secuestrarle. La toponimia del Poema no resulta difícil de transponerla a términos actuales: «Griza» es «Agriza» o «Tiermes» (Soria), y alude a la leyenda según la cual «Hércules-Alamos», habría encerrado a Elfa, la Mujer-Serpiente, en un túnel (remitimos al mito de Delfina o Delfineta, y a una curiosa leyenda de la mujer transformada en serpiente, que recoge Eslava Galán, y de la que nos ocuparemos en el capítulo correspondiente). Conviene no olvidar que el propio Apolo no tuvo el menor reparo en adoptar la forma de ofidio para cohabitar con la hermosa Driope, y que en el lugar donde ésta fue raptada, creció un álamo...

En realidad, «Alamos» (terminado en «-os» u «-o», al modo griego) no es más que uno de los nombres que recibe Heracles o Hércules (siempre vinculado a la lucha contra el Mal, y triunfador absoluto sobre toda especie de monstruos y malvados), lo que le convirtió en «el héroe por excelencia» de la mitología griega y latina.

Plinio el Viejo (23-79 d. C.), en su *Historia Natural* (Libro XII), afirma: «Perpetuamente se conservan dedicados a los dioses muchos géneros de árboles: Júpiter el Quexigo (encina, roble), a Apolo el Laurel, a Minerva el Olivo, a Venus el Arrayán (mirto) y a Hércules el Álamo».

Hércules era hijo de Zeus y de Alcmena, la fiel esposa de Anfitrión. No logrando acceder a ella de otro modo, Zeus hubo de adoptar la forma de su marido, aprovechando la ausencia de éste, y así engendraría al héroe, que era, pues, descendiente de Perseo y nieto de Alceo (curiosamente, tal suplantación de personalidades, para el logro de los mismos fines, aparece en las leyendas relacionadas con el rey Arturo y la Tabla Redonda).

En el Medievo español, Hércules es, además de Bueno y Sabio, Prudente y Justo, Protector de la Salud, Mago o Astrólogo, etcétera (remitimos a la toledana Cueva de Hércules). Dominador de sirenas, también, «actividad que en otras épocas y ámbitos —aclara Guillermo García Pérez— se concibe como otra suerte de magia...».

Elfa personificaría, en este caso, la Lujuria y el Vicio, «el Mal por excelencia», que aquí sería dominada y encerrada por el Hércules medieval Mago-Todopoderoso («Hércules-Ogmios», lo que plantea la posibilidad de una supervivencia, más o menos libre o clandestina, de las ideas, creencias, mitos y antiguos dioses en la España medieval (del mismo modo que se dio en Francia, Italia, Inglaterra y otros países europeos).

Ciertamente, el mito de la Mujer-Serpiente es antiquísimo, y los testimonios literarios e iconográficos (de los que hay buena representación en la Península Ibérica) son muy abundantes, y no sólo son privativas de la civilización occidental. Este tema tiene muchísimas variantes, cuya exposición escapa —dada su extensión— a nuestros propósitos.

> Las alusiones a Herakles y a Elfa en el *Cantar,* parecen, en principio, extrañas. Pero al examinar con cierto detenimiento la literatura hispana de los siglos X al XII se ve enseguida que no son insólitas. Cabe, no obstante, preguntarse porqué eligió el poeta del Cid nombres tan velados: Álamos y Elfa. Tal vez se trate de un mero (o bien de un rebuscado) recurso poético. Los poetas de nuestra civilización han recurrido en todas las épocas a los mitos clásicos.
>
> En suma, Álamos, el Hércules-Ogmios de su tiempo, consiguió vencer, dominar, es decir «encerrar» en una «cueva» segura de «Agriza» («Tiermes», Soria) a «Elfa».
>
> *Elfa. La Mujer Serpiente del Cantar de Mío Cid,*
> Guillermo García Pérez.

Véase: Delfina, Driope, Lamias, Serpientes, Tifón, Tragantía.

ELFOS, Los. Son genios presentes en la mitología nórdica, alemana y anglosajona, que probablemente personificaban las fuerzas de la naturaleza y los fenómenos atmosféricos. Pequeños y traviesos (los había buenos y malos, por lo general abundaban los últimos), habitaban en cuevas, y a diferencia de otros seres fabulosos, por ejemplo, las Hadas, que son muy atractivas, éstos eran por lo común deformes. Christoph Martin Wieland (1733-1813), al traducir al alemán *El sueño de una noche de verano,* de Shakespeare, incorporó esta palabra a la literatura universal.

En los países anglosajones se les acusaba de lanzar pequeños dardos de hierro, que penetraban sin dejar la menos marca en los cuerpos de los hombres, causándoles terribles dolores de cabeza. En Alemania, era creencia común, durante el Medievo, que oprimían el pecho de las gentes durante las noches y les inspiraban malos sueños. En alemán,

«Alpdruck», significa «pesadilla», término según los etimólogos de «Elfo», mientras que en Gran Bretaña se daba el nombre de «elf-lock» o «rizo de elfo» a cierto enredo de cabello al suponerlo obra suya.

Véase: Brownies, Djinns, Duendes, Genios.

EMPUSAS, Las. Según los expertos, esta leyenda fue llevada, con toda probabilidad, a Grecia desde Palestina, donde estos seres eran conocidos con el nombre de «Lilith» (nombre derivado de una supuesta segunda mujer de Adán, tras su expulsión del Paraíso, y cuyo nombre vendría a convertirse en sinónimo del espíritu del mal).

> Con el nombre de «lilith» se denominaba a los diabólicos vampiros femeninos, criaturas del Averno…, se ocultaban durante el día —no parecían soportar la luz solar— en las ruinas o en sepulcros abandonados, saliendo sólo por las noches a cometer cuantos desmanes y maleficios se les antojara. Normalmente chupaban la sangre de los niños o prodigaban toda suerte de tentaciones lujuriosas entre los hombres.
>
> *El misterio de los vampiros,* Martin Walker

Para los griegos, se trataba de una especie de demonios, hijas de Hécate (diosa lunar y de la noche), con ancas de asno —puesto que este animal era considerado como símbolo de la crueldad y de la lascivia— y calzado de bronce. Para otros, tendrían una pata de jumento y la otra de latón. Solían esconderse en las encrucijadas y asustar a los viajeros, aunque si éstos se defendían profiriendo toda clase de improperios, las Empusas se batían en retirada.

Algunas veces se disfrazaban de perras, vacas, e incluso de hermosas mujeres, que se acostaban con los hombres, y se apoderaban —gracias a este ardid— de su fuerza vital hasta matarlos.

Véase: Glaistig.

ERREKA-MARI. Se trata de un genio femenino de la mitología vascuence, de características muy similares a las sirenas. Gustaba de vivir en los arroyos; de ahí su nombre («Erreka»). Se le da otras denominaciones, de acuerdo con la toponimia, como «Mari-Arroka» o «Mari-

Muruko», y se la consideraba como «jefe» de otros genios.

Véase: Anjana, Dones d'Aigua, Genios, Lamiñas, Sirenas, Xanas.

ESCILA. Escila era un ninfa marina, de singular belleza, rival de la maga Circe en el amor del dios Glauco. Viendo ésta que Glauco no podía olvidar a Escila, envenenó las aguas en que la infeliz ninfa se bañaba, quedando convertida en monstruo marino, con cabeza y cuerpo de mujer, terminado en forma de pez —para unos— del cual salían cabezas caninas muy voraces. Para otros, sus extremidades inferiores se convirtieron en perros que ladraban. Doce pies la sostenían y estaba provista de seis cabezas, con tres filas de afilados dientes cada una. Desesperada por tal metamorfosis, Escila se arrojó al mar en las costas del sur de Italia. Los dioses la convirtieron en una gran roca, y durante las tempestades, los navegante oyen aún el rugido de las olas al estrellar-

Escila, que no pudo detener a los Argonautas
(de *Heroen und Goettersgestaiten*, Conze)

se contra ésta.

Por alusión se llama así al escollo próximo a la boca del Estrecho de Mesina. Se emplea la frase «entre Escila y Caribdis» para indicar que se está entre dos peligros igual de graves.

Esta fábula fue ecogida por diversos autores clásicos, entre ellos Homero, Ovidio y Pausinias.

> ...apenas sorbía la salobre agua del mar,/ se producía un estruendo horrísono,/ y en lo más hondo divisábamos la tierra,/ cubierta de arena cerúlea./ Un pálido terror/ nos dominaba, y, mientras mirábamos a Caribdis con espanto,/ Escila se llevó de la cóncava nave/ a mis más valerosos compañeros./ Cuando volví los ojos a mi nave y amigos,/ vi en el aire los pies y las manos de las víctimas,/ que gritaron mi nombre por última vez...
>
> *Odisea,* Homero

Recordemos que Escila y Caribdis eran dos monstruos marinos que acechaban el paso de las embarcaciones por el estrecho de Mesina. La morada de Escila era una gruta submarina que estaba en el lado peninsular; la de Caribdis, bajo unas rocas en Sicilia. De Caribdis se decía, y se dice, que era un gigantesco remolino que absorbe y devuelve las aguas tres veces diarias, mientras que de Escila se afirma que emitía sonidos engañosos.

Véase: Caribdis, Dragones, Glauco, Hidra, Kenebeck, Kraken, Octuple Serpiente de Koshi, Serpientes.

ESFINGE, La. Se trata de un monstruo de la mitología griega, tomado de la religión egipcia y de ciertas representaciones del Próximo Oriente (la que aparece en nuestra ilustración era una de las que flanqueaban los pórticos de los palacios asirios, y difiere del habitual aspecto que se les atribuye).

Originariamente se trataba de una representación del dios de la Sabiduría egipcia, en forma de león echado sobre el vientre y con las patas delanteras extendidas, adornada la cabeza —de rasgos humanos— con la típica toca egipcia, el «nemes». Sobrevivió como emblema de la realeza y en su estricta versión fue siempre representada en forma mas-

Edipo y la Esfinge
(de *Nueva Mitología Ilustrada*, J. Richepin)

culina, mientras que las esfinges extranjeras eran femeninas.

Entre los asirios y babilonios, adoptaban la forma de un león con cabeza y busto de hombre, o bien una leona con cabeza y busto de mujer. «El profeta Daniel describió, y así lo recoge la Biblia —afirma Camino García y Santacano—, esos toros alados que, junto con las águilas y leones antropomorfos, flanqueaban la entrada de los palacios asirios (como ya hemos expuesto). Estas figuras pasaron siglos después a formar parte de la simbología cristiana», ya que los «karibes» o «querubes» asirio-babilónicos derivarían en los «querubines» cristianos.

> La esfinge de los monumentos egipcios (llamada «Androesfinge» por Herodoto, para distinguirla de la griega) es un león echado en tierra y con cabeza de hombre; representaba, se conjetura, la autoridad del rey y custodiaba los sepulcros y los templos. Otras, en las avenidas de Karnak, tienen cabeza de carnero, el animal sagrado de Amón. Esfinges barbadas y coronadas hay en los monumentos de Asiria y la imagen es habitual en las gemas persas. Plinio, en su catálogo de animales etiópicos, incluye las Esfinges, de las que no precisa otro rasgo que «el pelaje pardo rojizo y los pechos iguales».
>
> La Esfinge griega tiene cabeza y pechos de mujer, alas de pájaro, y cuerpo y pies de león. Otros le atribuyen cuerpo de perro y cola de serpiente. Se refiere que asolaba el país de Tebas, proponiendo enigmas a los hombres (pues tenía voz humana) y devorando a quienes no sabían resolverlos…
>
> *El Libro de los Seres Imaginarios,* Jorge Luis Borges

Cuenta la fábula, con algunas pequeñas variantes, que a Edipo, el desdichado hijo de Yocasta, le preguntó: «¿Cuál es el animal que por la mañana anda a cuatro patas, al mediodía con dos y por la tarde con tres?» El hijo de rey Layo respondió que se trataba del hombre, ya que en su infancia anda a gatas, erguido en su madurez y, con la ayuda de un bastón, en su ancianidad. Descifrado el acertijo, la enfurecida Esfinge (hija de Tifón y de Edquina) se precipitó desde lo alto de una roca.

Véase: Tifón.

F

FASTITOCALÓN, El. «Acceder a la lectura del *Fisiólogo* implica introducirse en una vasta tradición literario-científica que penetra largamente en la Edad Media —comenta Nilda Guglielmi, de la Universidad de Buenos Aires—. Se ha dicho, en efecto, que éste es un libro de historia animal que gozó de mayor popularidad en toda la Edad Media, por lo menos hasta el siglo XIII. Popularidad e influencia sólo comparables a las de la Biblia.

»El *Fisiólogo* es el primer bestiario conocido. Hemos de saber, pues, qué es un bestiario. Con definición apriorística podríamos decir que es una obra seudocientífica moralizante sobre animales, existentes y fabulosos.»

Por su temática y la intención didáctico-moralizante (ya que se partía de la presunción de que las criaturas del universo; al menos algunas encerraban enseñanzas inmorales), los primeros «Fisiólogos», cuyos orígenes deberían ser buscados en los albores del cristianismo en Oriente, y en todas sus posteriores versiones y redacciones, hasta su decadencia, ya en la Alta Edad Media, tuvieron gran difusión…

> Hablaré en este cantar de la poderosa ballena. Es peligrosa para todos los navegantes. A este nadador de las corrientes del océano le dan el nombre de Fastitocalón. Su forma es la de una piedra rugosa y está cubierta de arena; los marinos que lo ven lo toman por una isla. Amarran sus navíos de alta proa a la falsa tierra y desembarcan sin temor a peligro alguno. Acampan, encienden fuego y duermen, rendidos. El traidor se sumerge entonces en el Océano; busca su hondura y deja que el navío y los hombre se ahoguen en la sala de la muerte. Tam-

bién suelen exhalar de su boca una dulce fragancia, que atrae a los otros peces del mar. Estos penetran en sus fauces, que se cierran y los devoran. Así el demonio nos arrastra al infierno.

El Libro de los Seres Imaginarios, Jorge Luis Borges.

Por los demás, éstas y otras leyendas similares, que aparecerían sucintamente resumidas en este libro, proceden de distintas fuentes culturales, a través del tiempo, como las leyendas de San Brandano, los viajes de Simbad, e incluso de la obra cumbre de John Milton.

La leyenda de la ballena de tan gran tamaño que es susceptible de ser confundida con una isla, de antiquísimo origen, se mezcla y así pretendemos aclararlo, con la del «Aspidoquelonio», la Gran Tortuga del Mar, aún cuando este primer término pueda resultar algo confuso. Sin embargo, estas leyendas de «monstruos-islas», podrían tener un fondo de realidad: islas recientemente descubiertas (por ejemplo, el islote Fukuto Kuckanoba, de pequeñas dimensiones —enero de 1986— en el archipiélago japonés), u otras, también de reducida superficie, que por diferentes causas, una erupción o un hundimiento, desaparecen. Al respecto, existen bastantes testimonios, no todos ellos fiables, desde épocas remotísimas.

Véase: Bestia Jasconios, Dragones, Gran Tortuga de Mar, Kraken, Leviatán, Moby Dick, Serpiente de Mar, Zaratán.

FAUNOS. Una de las divinidades campestres de griegos y romanos. Dios de la Naturaleza, protector de pastores y labradores, y al que los romanos identificaban con el Pan griego. Se decía de él que había sido un antiguo rey del Lacio. Las fiestas en su honor eran las Lupercalias, que se celebraban en el mes de febrero (tal vez, el origen de los posteriores carnavales). Eran organizadas por unos sacerdotes llamados «lupercii», que en los idus de este mes visitaban la cueva del Lupercal, situada bajo el Palatino —donde según la leyenda Rómulo y Remo fueron amamantados por una loba—, llevando a cabo unas determinadas purificaciones e impetrando mediante complicados ritos la fertilidad de la mujer.

Existía la creencia de que, durante la noche, podían profetizar. Así, Numa Pompilio (715-672 a. C.), segundo rey de Roma, a quien se atribuyen las reformas y la creación de instituciones, como el Colegio Sacerdotal —según una antigua leyenda—, acudió a consultarles, logrando gracias a sus consejos evitar la esterilidad de las tierras y rebaños.

Los romanos los representaban con cuerpo humano y patas de cabra, teniéndolos por criaturas muy semejantes a Sátiros y Silenos, aunque menos peligrosos.

La creencia en tales seres provenía de épocas remotísimas, y era muy firme entre los antiguos. Se decía —como hemos visto— que eran me-

Faunesa y pequeños faunos (tierra cocida de Clodion)

dio humanos y medio cabras, y que gustaban de asaltar a las muchachas en las proximidades de los bosques.

Según el mito, Zeus, padre de los dioses, atraído por la belleza de Antíope, hija de un rey de Tebas, se unió a ella en forma de Sátiro. Por otra parte, en el panteón griego encontramos al citado Pan (representado con cuernos y pezuñas de cabra), que cuidaba de los montes, campos y rebaños, presidía el descanso del mediodía y sentía gran debilidad por la música y la danza. Sin embargo, era capaz de producir espanto valiéndose de sus tropas compuestas por sus auxiliares Faunos. De ahí el origen de la palabra «pánico» (se decía que durante la I Guerra Médica ayudó a los griegos a obtener la famosa victoria de la playa de Maratón, amedrentando a los persas, que huyeron).

Su condición de dios rural se debía a la economía de la Roma preconsular. Al crecer la ciudad y substituirse la economía agrícola por la mercantil, el dios Fauno pasó a convertirse en divinidad menor, hasta quedar su culto relegado al ámbito campesino, hasta bien entrado el cristianismo, de una u otra forma.

Se creía en su existencia a pies juntillas, hasta el extremo de que un intelectual de la talla de Agustín Hipona, en el Capítulo XXIII de *La Ciudad de Dios,* dice: «Es opinión muy difundida, y confirmada por el testimonio directo o indirecto de personas fidelignas, que los silvos (o silenos) y los faunos han atormentado con frecuencia a las mujeres, solicitando y obteniendo sus favores». Siglos después, Tomás de Aquino, en el Artículo Tercero de la Cuestión LI de la *Summa Teologica,* venía a decir lo mismo, añadiendo: «querer negarlo sería una imprudencia».

Véase: Busgosu, Djinns, Duendes, Glaistig, Sátiros, Silenos, Trenti.

FÉNIX, El (Ave de la Inmortalidad). Para los antiguos egipcios, constituía —tal vez— la más importante de las aves sagradas, y simbolizaba la esperanza y la continuidad de la vida después de la muerte. Unas veces era representada como una especie de águila, revestida de plumas doradas y rojas, los colores del sol naciente. Su voz era melodiosa, pero se hacía tan lastimera la hora de su muerte, que consternadas las demás criaturas por su melancólica belleza acababan expirando también.

Su nombre egipcio «fenu» puede ser traducido como «el brillante» —tal vez por el color de sus plumas—, lo que explicaría porque en Heliópolis pudo ser interpretado como símbolo de la luz. Estaba íntimamente relacionado con la divinidad solar, y ya en época tardía se le asoció también al planeta Venus.

Todos los amaneceres, y conforme a las creencias egipcias, este pájaro, garza o águila, se «creaba a sí mismo», elevándose en ardiente llama sobre el sicomoro celestial, o como el «alma de Osiris» descansa (¿por la noche?) en este árbol sobre el sarcófago del dios. Esto venía a confirmar la transición de los mitos egipcios a los fantasiosos relatos de los griegos de que el Fénix provenía de Arabia o de Etiopía (la «región del amanecer»), donde se nutría de perlas de incienso, lo que le confería una larguísima existencia, volando desde allí al templo de Heliópolis, embalsamando a su padre (Osiris) en un huevo (¿el Sol?) y luego quemámdose a sí mismo. «La no comprensión griega de su aparición en Egipto sólo al fin de un largo período calendario —varios hablan de 500, 540, 654, 1000 o 1461 años— parece demostrar —afirma Max Müller— que ninguna garza (para este autor, el Fénix sería una de estas aves) era mantenida en Heliópolis en los tiempos clásicos; pero no prueba nada de los períodos anteriores, en los que predominaban probablemente criterios más materialistas.»

Según la leyenda, sólo uno de estos Fénix podía tener cabida en el Universo. El poeta Hesíodo (entre los siglos VIII y VII a. C.), autor de la *Teogonía,* afirmó que su longevidad era nueve veces más que la del cuervo. Para otros autores, empero, podía llegar a los 97.200 años.

Cuando sentía la proximidad de la muerte, se autoinmolaba en una pira que encendía con canela silvestre, y mientras el fuego se llevaba su espíritu, un nuevo y esplendoroso Fénix surgía de sus cenizas, que recogía con sumo cuidado los restos de su padre, guardándolos en un huevo de mirra y ya en la ciudad de Heliópolis los depositaba sobre el altar del Sol.

Se creía que su carne podía conferir la inmortalidad y sus cenizas resucitar a los difuntos. Así, el tiránico emperador Heliogábalo (204-222 d. C.), que introdujo cultos solares orientales en Roma y pasó a la historia por sus crueldades y desenfrenos, se obstinó en comerse un Fénix para conseguir la inmortalidad; en su lugar le fue servida un ave exótica… Poco después fue asesinado por la propia guardia pretoriana…

Para los chinos, el Fénix («Feng»), es un ave de resplandecientes colores, parecida al faisán y al pavo real. Los machos, que tenían tres patas, habitaban en el sol.

En las regiones infernales chinas existe un edificio imaginario que se denomina la «Torre del Fénix».

Para el cristianismo, este mito se convirtió en el símbolo de la resurrección de Cristo, vencedor de la muerte.

Véase: Pájaros de Trueno, Simurg.

FENRIS o FENRER. Era un lobo, hijo de Loke, personaje muy poco recomendable, y de la no menos perversa giganta-hechicera Angurboda (o Augerbode); por tanto, hermano de Midgard, la «Gran Serpiente del Mundo» y de la diosa infernal Hel (o Hela). Recordemos que, en el inglés actual, *Hell* significa «Infierno».

Fenris fue educado entre los dioses. Pero éstos no tardaron en advertir, alarmados, como crecía en tamaño y fuerza, por lo que decidieron encadenarle. Sin embargo, conseguía romper todas las ataduras por fuertes que éstas fueran. Finalmente, como veremos en su momento, gracias a la astucia y halagando su gran vanidad, puesto que se creía invencible, lo lograron; y como no deseaban darle muerte, lo arrojaron al río Von (por este motivo, el lobo Fenris, a veces, es llamado también Vonargander).

«El lobo Fenris es el fuego terrestre —afirma el filósofo danés Niedner— encadenado por el hombre; es feroz cuando se le deja en libertad, como un lobo hambriento ataca y devora las moradas de los hombres, tal como está dicho en el canto de Haakón: “El lobo Fenris/ se alimenta espantosamente/ cuando está libre/ en los campos de los hombres”.

»Un día su mandíbula superior llegará hasta los cielos mientras que la inferior reposará en la tierra; avanzará sembrando el terror y la destrucción, y anulará el fuego y a la llama del cielo, Odín [el Sol].»

No obstante, los dioses —tras encadenarle convenientemente— consiguieron colocarle una afilada espada con su puño fijado en la mandíbula inferior y la punta en el paladar, por los que no puede cerrar la boca, de la que le sale tanta espuma que formó el río Von.

«En estos momento —concluye Niedner— está encadenado en una isla, donde se ha cavado una tumba y construido un horno de piedra; tiene la boca obstruida en parte, de forma que el fuego está rodeado de obstáculos que le impiden extenderse. Está dividido y gobernado por los hombres, que lo utilizan en su provecho, y es tan útil que nadie pensaría en destruirlo completamente [matarlo].»

Véase: Alfes, Angurboda, Hela, Loke, Serpiente Midgard.

FOMORÉ, Los. Versión céltica (irlandesa) del mito del Minotauro. Estos Fomoré, en tiempos remotos, procedían de una famosa estirpe real: la de los reyes Morc, hijos de Delé y la de Conann, hijo de Febar, que acabaron por tiranizar a la población, abrumándola con onerosas exacciones. Por si todo esto fuera poco, los opresores les impusieron la terrible obligación de entregarles los dos tercios de los niños nacidos cada año, lo que algunos autores ponen en razonable duda, por lo desmesurado de la exigencia. Tenían el cuerpo de hombre; pero, a diferencia del monstruo de Creta, su cabeza era de cabra. Fueron considerados dioses de la muerte, de la noche y de las tormentas.

«Y sin embargo no se puede descartar la posibilidad de que en ciertas épocas de la historia de Irlanda los niños recién nacidos hayan pagado este tributo a la muerte —afirma H. d'Arbois—, ya sea debido a que una muerte natural les haya sustraído al amor de sus padres o que hayan sido inmolados a los dioses de la muerte en obediencia a una religión cruel.»

Ya en tiempos de San Patricio (obispo inglés que predicó en Irlanda hacia el 432), se tenían testimonios acerca de cierto ídolo, Cromm Cruach (o Cenn Cruach), representado por una estatua adornada de oro y plata, con ornamentos de bronce, y la cabeza sangrienta. Se le ofrecían sacrificios humanos, niños especialmente.

Véase: Minotauro.

FURRINA. Se trataba de una muy primitiva deidad de la mitología romana. Era un especie de ninfa de una fuente y de un bosque sagrado situado en la orilla derecha del Tíber.

Véase: Ninfas.

G

GALLO CELESTIAL, El. Una antiquísima leyenda china dice que el Gallo Celestial es antepasado del Yang, el principio masculino del universo. Tiene tres patas y se supone que anida en el árbol «Fu-sang», que crece en la región de la Aurora y cuya altura se cuenta por centenares de kilómetros.

Su canto es muy fuerte y lo hace todos los días al amanecer; al mediodía y al anochecer. Se dice que la potencia de su voz es tal que, al amanecer, consigue despertar a toda la humanidad y conmover a los cielos.

Una variante de la fábula dice que pone huevos, de los que salen pollos con crestas rojas que contestan a su canto matutino y que los gallos terrestre descienden de él. Los chinos también le conocen como el Ave del Alba, por su plumaje completamente dorado.

GAMR. En la mitología escandinava, Garmr, un gran perro, ensangrentado y de aspecto horrible, custodia la casa de los muertos y luchará contra los dioses, cuando el sol sea devorado por los lobos infernales.

Algunos autores le atribuyen cuatro ojos, los mismos que tienen los perros de Yama, dios brahmánico de la muerte.

Véase: Cancerbero, Hela, Xolotl.

GARUDA o SUPERNA. Se trata de un ser propio de la mitología hindú, con partes de hombre y de águila. Aún cuando no es estrictamente divino, aparece —con frecuencia— asociado a las hazañas de Vishnú, segundo dios de la trinidad que preside el panteón brahmánico, quien suele cabalgar en la serpiente que llena el mar, o en el Ave Garuda, que era adorada junto a su señor.

A Vishnú se le representaba de color azulado, provisto de cuatro brazos que sostienen la cachiporra, el caracol, el disco y el loto, mientras que a Garuda se le representa de formas diferentes, aunque parecidas, en pinturas y esculturas. Algunas veces tiene la cabeza y las alas de ave con cuerpo humano; otras garras de pájaro, y en algunas rostro humano y cuerpo de ave. Por lo general, el rostro es blanco, el cuerpo dorado y las alas de color escarlata. Sus imágenes labradas en piedra y bronce son frecuentes en los monolitos de los templos. En Gwalior (estado de Madhya Pradesh) hay uno, erigido por un griego, seguramente devoto de Vishnú, en el siglo I a. C.

Existen discrepancias sobre el origen del Ave Garuda. Para algunos sería hijo del otro Garuda y de Vinata y hermano de Aruna, el auriga del Sol, implacable adversario de las raza de las serpientes, descendiente —a su vez— de Kadru, hermana de su madre. Como nació de un huevo tenía, por tanto, aspecto de pájaro. Para otros, era hijo de Kasyapa y Diti, también nacido de un huevo. También se le atribuyen notables hazañas, que motivaron la envidia de las serpientes, que acabaron enemistándose con él. «Sus ojos eran como relámpagos. Las montañas fueron ahuyentadas por el viento producido por el aleteo de sus alas. Los rayos que salían de su cuerpo pegaron fuego a las cuatro esquinas del mundo, escribe W. J. Wilkins. Los aterrados dioses... acudieron a esta divinidad (aunque no era tal, en rigor) en busca de su protección.»

Tal como se ha indicado, Garuda realizó vuelos y hazañas asombrosos, como alcanzar la Luna y vencer a una gran tortuga de ocho millas de longitud. Venció a los dioses, salvo a Vishnú, quien llega a un acuerdo con él, pero hubo de prometerle la inmortalidad y un trono más alto que el suyo, por su parte, Garuda se convirtió en su Vahan o medio de transporte.

Se le menciona (a él y a sus hijos) repetidas veces en la famosa epopeya de Valmiki, *El Ramayana,* prestando grandes servicios al protagonista de la misma. También figura en el «Garuda-Purana» (decimoséptimo libro de las Tradiciones o «Puranas»), como un ser sabio que enseña grandes conocimientos a los humanos, y en la obra teatral

Nagananda («Alegría de las Serpientes»), compuesto en el siglo VII, aún cuando el carácter —un tanto sarcástico— del drama pueda ser bastante discutible.

Por último, el místico Nimbarka (de fecha incierta) asegura que Garuda es un alma salvada para siempre; también serían almas sus atributos: corona, aros y flauta.

Véase: Gran Tortuga de Mar, Jatayus y Sampati, Serpientes.

GENIOS. Deidad que suponían los antiguos paganos engendradora de todo lo que hay en la Naturaleza. En las artes, recibe este nombre, el ángel o la figura que se coloca junto a la divinidad, o para representar una alegoría.

Para la mitología romana, el genio es el ser que acompaña al hombre desde su nacimiento hasta su muerte. Estos seres eran inmanentes no sólo a los humanos, sino a cada una de las cosas relacionadas con la Naturaleza o la Sociedad.

«El genio nace con el objeto al que está ligado —escribe Caudet Yarza— y su misión principal consiste en conservar lo existente. Así pues, el genio tiene cierto poder creador, interviene misteriosamente en la generación, determina el carácter individual del ser.»

Los genios podían dividirse en varias categorías, según sus poderes y atribuciones; los había benignos y malignos.

No son, por supuesto, exclusivos de la mitología grecorromana. Con diferentes nombres, se les conoce en todas las culturas y lugares, por distantes y diferentes que éstas sean.

> …Al llegar a sus inmediaciones vio que había mucha hierba, que los arbustos y los espino habían crecido en la vecindad de la puerta y borrado el camino. Dedujeron de ello que hacía mucho tiempo que no entraban en el tesoro hombres ni genios y que nadie lo había tocado desde entonces…
>
> *Las Mil y una Noches*

Véase: Alfes, Brownies, Djinns, Duendes, Elfos, Kel Essuf, Lamiñas, Rul, Sátiros, Silenos, Yenun.

El ave Garuda, la cabalgadura predilecta de Vishnú

GIGANTES.

«...Todos los pueblos del Globo pueden hacer alarde de Gigantes que asoman en sus mitologías y desempeñan en ellas papeles de primer plano, desde los antiguos mediterráneos hasta los indios de América, desde los tibetanos hasta los australianos. En nosotros está viva, sobre todo, la imagen de los titanes y de los cíclopes griegos, de sus hermanos nórdicos; pero bastará llevar un poco más lejos la mirada para descubrir a los Izdubar caldeos, los Emin hebraicos, los Danava y los Daitia indios, los Rakssasa de Ceilán, por no citar más que algunos...

Tierras sin tiempo, Peter Kolosimo

Según la mitología griega, se trataba de seres de enorme estatura y gran fuerza física, y eran hijos de Gea (la Tierra), fecundada por la sangre de Urano. Intentaron derrocar a Zeus y expulsarle del Olimpo; pero, éste con la ayuda de Hércules, de los Cíclopes y de los demás dioses, consiguió vencerlos y precipitarlos en el Tártaro. Esta lucha fue descrita en *La gigantomaquia,* poema perdido, que algunos suponen un fragmento de la *Teogonía* de Hesíodo.

Como ya hemos tenido ocasión de ver, los Gigantes aparecen en diversas mitologías de todos los continentes y épocas, incluyendo las africanas, y las de América (así consta en los primeros testimonios recogidos por los cronistas de los conquistadores) y las de Oceanía. Para unos se trataría de criaturas malvadas, para otros —en cambio— de personajes benéficos, transmisores de conocimientos y realizadores de grandes obras (de ahí las tan corrientes expresiones, de «obras colosales» o «de Gigantes», tan utilizadas para definir algunas enormes construcciones. También los habría sumamente inteligentes como enormemente necios, acerca de estos extremos nos faltan relatos en todas las mitologías.

Acerca de estos seres, nos dicen las Escrituras: «Existían entonces gigantes en la tierra, y también después [¿después de qué...?, nos atrevemos a preguntarnos], cuando los hijos de Dios se unieron con las hijas de los hombres y les engendraron hijos. Estos son los héroes famosos de muy antiguo» (Génesis 6-4). En los Sagrados Textos se utiliza, para designar a estos Gigantes, la palabra «nephilim», de discutida etimología.

> Pero los puntos de contacto con la Biblia aparecen aún más sensacionales en la mitología mexicana. Xelma y sus seis hermanos de la estirpe de los Gigantes —escribe Ralph Bellamy— se salvaron del gran cataclismo, terminado con un diluvio, refugiándose en la cima de un monte, que consagraron a Tlaloc, dios de las aguas…
>
> *Tierra sin tiempo,* Peter Kolosimo.

En su libro *Civilizaciones desconocidas,* Serge Hutin hace constar que «el descubrimiento de huesos de gigantes humanos no es ya una leyenda». Se han encontrado restos científicamente reconocidos como pertenecientes a seres humanos de gran estatura. En Gargayán (Filipinas) se descubrió un esqueleto humano de aproximadamente 5,80 metros de altura, y restos de otros seres, seguramente de más de 3 metros en Transvaal, sureste de China y Java.

En Agadir (Marruecos) se exhumaron fragmentos similares, junto con varias hachas en la mano, que pesaban 8 kilos bastante más de los que un hombre robusto de nuestros días podría utilizar eficazmente (se estima la altura media de sus usuarios en unos 4 metros). Cabe decir los mismo de otros utensilios hallados en lugares tan distanciados como Siria y Moravia.

En Sri Lanka también aparecieron restos de seres de unos 4 metros de altura; en tanto que en Assam (cerca de la frontera pakistaní) salió a la luz parte del esqueleto de un individuo de 3,35 metros de altura, y bajo cierto dolmen francés, se hallaron huesos pertenecientes a individuos cuya altura oscilaba entre los 2,60 y los 3 metros, lo que podría ser indicio clarísimo de una progresiva disminución de su estatura y fortaleza. No deseamos extendernos en más consideraciones, ya que hasta tiempos muy recientes pervivieron poblaciones cuyos miembros destacaban por su elevada estatura y que, en nuestros días, habrían sido muy cotizados como jugadores de baloncesto.

Concluyamos con palabras de los investigadores Huton y Kolosimo. El primero indica: «No parece que se trate de aberraciones extrañas análogas a los fenómenos exhibidos en los circos, sino de una talla normal para el conjunto de la población en cuestión»; y el segundo corrobora: «consideramos que los hallazgos citados son debidos a la mera casualidad y que la Tierra entera, prácticamente, es virgen todavía de esas búsquedas».

Véase: Angurboda, Atlas, Cíclopes, Ogro, Ojancanu, Ser Abominable, Tagaro y Suque, Tartalo, Tifón, Titanes, Trolls.

GILLYGALOO. Entre los madederos de Minnesota y Wisconsin circulaban diversas historias, en las que nadie creía, pero que llegaron a crear una especie de mitología local, en la que se incluían singularísimas criaturas.

El Gillygaloo era un extraño pájaro que anidaba en las escarpadas laderas de las más altas montañas. Ponía huevos cuadrados para evitar que se rompieran al rodar o se perdieran… Lo que no consiguió impedir que los leñadores cociesen estos huevos y los usasen como dados.

GLAISTIG. Personaje fantástico femenino de las Islas Británicas, que habita —como refieren diversas leyendas— en las aguas. Su aspecto era el de una hermosísima mujer, aun cuando sus piernas eran de aspecto caprino, y que trataba de ocultar bajo un largo vestido verde y suelto. Podemos afirmar, sin lugar a dudas, que se trataba de una especie de Faunesa.

A título de curiosidad, citaremos el caso vivido por un campesino de Garganta de la Olla (Cáceres) durante el invierno de 1948. Una extraña mujer, a la que —por su aspecto— tomó por una monja, llamó a su puerta y él la recibió gustosamente. Observó, un tanto sorprendido, que no hablaba, aunque no dio importancia al hecho, atribuyéndolo al cansancio. Pero cuando la desconocida se aproximó al hogar, comprobó, empavorecido, que tenía las patas de una cabra (al parecer, no sería la única aparición de esta clase en aquellas tierras). Hace algunos años el escritor y periodista Juan José Benítez, narró el asunto en un bien documentado libro, *La punta del iceberg,* que recomendamos calurosamente al lector.

Véase: Djinns, Empusas, Faunos, Sátiros, Silenos.

GLAUCO. Entre las deidades menores con que la mitología griega poblaba los mares, merece mención especial Glauco, un pescador de Beocia, que terminó por convertirse en criatura marina.

Desde los tiempos más remotos, el hombre sintió la necesidad de moverse lo más cómodamente posible en el medio acuático, ya fuera para la pesca o para la guerra. Abundan, al respecto, toda suerte de leyendas y testimonios históricos, debidamente confirmados.

Heródoto de Halicarnaso (490-420 a. C.) narró la historia del pescador Scyllias y de su hija Ciana (en cuya memoria se alzó una estatua en el templo de Apolo en Delfos). Padre e hija eran hábiles nadadores y mejores buceadores, consiguiendo sacar a flote las riquezas de algunas embarcaciones hundidas. No tardaron en hacerse famosos por sus proezas. Cuando Jerjes pretendió invadir Grecia (II Guerra Médica), ambos, aprovechando una noche tempestuosa, consiguieron acercarse a la flota enemiga, nadando bajo el agua, y cortar las amarras de algunas de las pesadas naves persas, que fueron —desprovistas de protección— a estrellarse contra los arrecifes. Uno de estos personajes excepcionales pudo ser el tal Glauco.

Cuenta el poeta latino Ovidio, que cierto día se hallaba reparando sus redes —pues vivía de la pesca— a orillas del mar y disponiendo sobre la hierba los que había capturado, cuando observó que al contacto con ésta, los peces recobraban la vida y se arrojaban de nuevo al mar. Llevado por la natural curiosidad, comió unas briznas, experimentando acto seguido un irresistible impulso de arrojarse cabeza al mar, siendo recibido por Océano y Tetis con todos los honores. Al observar su cuerpo fue advirtiendo como sus piernas se iban convirtiendo en una cola de pez y de su rostro surgía una larga y verdosa barba. Glauco, y no por casualidad, es el nombre que se da al color verde claro, el color de las aguas transparentes como las que se convirtieron en morada del antiguo pescador.

Véase: Escila, Hombre Pez, Peje Nicolao.

GNOMOS. «Son más antiguos que su nombre, que es griego —escribe Borges— pero que los clásicos ignoraron, porque data del siglo XVI. Los etimólogos lo atribuyen al alquimista suizo Paracelso, en cuyos libros aparece por primera vez...

»...Gnosis, en griego, es "conocimiento"; se ha conjeturado que Paracelso inventó al palabra "gnomo", porque éstos conocían y podían revelar a los hombres el preciso lugar en que los metales estaban escondidos.»

Se trata de seres fantásticos de la mitología nórdica, de pequeña estatura y con aspecto de anciano barbudo —de rasgos toscos—, vestido de colores oscuros, casi siempre de marrón y tocado con una capucha frailuna. Se les suele asociar con los enanos o los «geniecillos». Algunos de ellos son beneficiosos para los humanos.

Como los dragones de la tradición germánica o los grifos de las fábulas orientales, solían ser guardianes de tesoros ocultos, unas veces, y otras, trabajaban en los veneros de las minas. Sin duda a estos metales era a los que se refería Paracelso.

Véase: Alfes, Brownies, Duendes, Elfos, Genios.

GOMIA. Sin perjuicio de sus connotaciones con el vampirismo, en los países del Egeo, era un ser de apetito voraz y características serpentinas; su aspecto era repulsivo y su aliento fétido.

Véase: Guaxa, Keres, Serpientes, Tarasca.

GORGONAS. Aparecen en la mitología griega como seres horribles (monstruos femeninos). Hesíodo habla de tres Gorgonas: Medusa, la Gorgona propiamente dicha, Esteno y Euríale. Hijas de Forco y de Ceto, eran deidades marítimas, aladas y ceñidas de serpientes. Según una versión del mito, Medusa fue muerta por Perseo, quien protegido por Hermes y Atenea, y llevando el casco de Hades (que le hacía invisible), las sorprendió durmiendo y consiguió decapitar a Medusa.

No obstante, Homero «nos habla únicamente de una sola Gorgona como uno de los más horribles espectros que se hallaron en el reino de Hades. Los griegos —indica Vergés Serra— representaban las Gorgonas con figuras de mujeres, con alas de oro, mano y uñas de bronce, largos colmillos como los de un verraco y la cabeza cubierta de escamas como las de las serpientes; también sus vestidos estaban ceñidos por un cinturón construido por serpientes».

Véase: Atlas, Medusa, Pegaso.

GRAN TORTUGA DE MAR, La. «Entre los nueve tipos surgidos —escribe el zoólogo Bernard Heuvelmans, en un estudio sobre la Serpiente de Mar— dos me parecieron que debían mantenerse provisionalmente aparte, pues se hallaban fundados en un número demasiado escaso de observaciones…: uno de ellos estaba definido, sobre todo, por su color amarillo, y otro recordaba, por su forma, una tortuga gigantesca…»

Al-Qazwini, famoso cosmógrafo del siglo XIII, en su obra *Maravillas de la Creación,* lo cuenta sí:

> En cuanto a la Tortuga Marina, es de tan desaforada grandeza que la gente del barco la toma por una isla. Uno de los mercaderes ha referido:
>
> Descubrimos en el mar una isla que se elevaba sobre el agua, y cavamos hoyos para cocinar, y la isla se movió y los marineros dijeron: «Volved, porque es una tortuga, y el calor del fuego la ha despertado y puede perdernos».

Como puede observarse, leyendas similares, relacionadas con diferentes grandes bestias, que, sin embargo, tienen algo en común, no faltando fábulas relacionadas con estas gigantescas tortugas, tal como veíamos al describir el Fastitocalón (nos referimos al «Aspidoquelonio»). Así, Odorioco de Podernone testimoniaba la existencia de un caparazón del tamaño del campanario de San Martín de Padua. Ya en pleno siglo IV, tal vez recogiendo alguna leyenda oriental, San Basilio, llamado «el Grande» (Obispo y Padre de la Iglesia) mencionaba monstruosas tortugas en una de sus homilías. Sin embargo, todos estos relatos, por su proximidad y parecido, se nos figuran un tanto antiguos.

Véase: Bestia Jasconios, Fastitocalón, Garuda, Kraken, Serpiente de Mar, Zaratán.

GRIFO. Existen diferentes descripciones sobre esta fabulosa bestia. Unas veces aparece representada, de medio cuerpo para arriba en forma de águila, y de medio cuerpo para abajo como un león. Otras veces, se le atribuía un cuerpo de león, pero con cabeza y alas de águila, orejas de caballo y una cresta con aletas de pez. Por lo general, las más antiguas descripciones dejan que desear por falta de datos.

Tampoco es excesivamente precisa la descripción del viajero inglés Jonh Mandeville (al que ya hemos aludido), recogida por Jorge Luis Borges, en su obra *El libro de los seres imaginarios:*

> …De esta tierra (Turquía) los hombres irán a la tierra de Bactria,

> donde hay hombres malvados y astutos, y en esta tierra hay árboles que dan lana, como si fueran ovejas, de la que hacen tela... En esa tierra hay muchos Grifos, más que en otros lugares, y algunos dicen que tienen el cuerpo delantero de águila, y el trasero de león, y tal es la verdad, porque así están hechos; pero el Grifo tiene el cuerpo mayor que ocho leones y es más robusto que cien águilas. Porque sin duda llevará volando a su nido un caballo con su jinete, o dos bueyes uncidos cuando salen a arar, porque tienen grandes uñas en los pies...

El famoso viajero veneciano, Marco Polo, oyó hablar de la Gran Ave Roc —tal como narra en sus *Viajes*—, llegando a creer que se trataba de «uccello Grifone».

Por lo demás el grifo es un ser fabuloso, propio de la mitología de otras civilizaciones, conocido en todo Oriente —donde se le suponía guardián de tesoros—, tal y como lo demuestra su dispersa y variada iconografía. Así, del arte mesopotámico y palestino, pasan a los bronces griegos, a las joyas etruscas y a los tejidos bizantinos.

Posteriormente, los escultores medievales incorporaron estas figu-

Alejandro Magno en su carro tirado por grifos
(bajorrelieve bizantino de la catedral veneciana de San Marcos)

ras mitológicas a sus composiciones, en España, por ejemplo, pueden verse en algunos templos, como en la catedral de Santiago de Compostela.

El famoso *Libro de Aleixandre* (de unos 10.000 versos) y de autor anónimo, aun cuando haya sido atribuido por unos a Gonzalo de Berceo y, por otros, al clérigo leonés Juan Lorenzo de Astorga, es un elocuente ejemplo de la importancia que se daba a tales historias en la Alta Edad Media.

Se cuenta en él la vida de Alejandro Magno, y aunque poco original, no deja de ser interesante el mezclar en él muy variados elementos. «La reconstrucción medieval de este personaje histórico —dice Carmen Caballero— lo convierte en un héroe fantástico, confluyendo en él todo tipo de motivos: religiosos, caballerescos, pseudocientíficos, legendarios, etcétera.»

Alejandro realiza numerosas proezas, que le convierten casi en un superhombre, entre ellas, la de enganchar a su carruaje dos grandes grifos, a los que hace volar por medio de una infantil argucia: colocando trozos de carne en una pértiga... «allá van los grifos do el rey se quería...».

Véase: Hipógrifo, Roc (Ave).

GROOTSLANG. La región de Richtersveld se ubica en una zona montañosa y boscosa, en la cuenca del río Orange, en medio del territorio de la República de Sudáfrica. Allí se ha localizado una gran caverna, conocida como la «Sima sin Fondo», cuya extensión y características generales son desconocidas, aunque los nativos insisten en que se prolonga hasta el mar, y que, según las leyendas, estaría repleta de diamantes, custodiado por Grootslang, una serpiente de grandes dimensiones: tendría más de doce metros de longitud y casi uno de gro-sor, y sus ojos serían dos enormes diamantes. Los indígenas creen que todo aquel que tenga la desgracia de encontrarse con este gran reptil, aunque lograse salvar la vida, quedaría poseído por los espíritus del mal.

Hasta el momento, la más larga de las serpientes es la pitón reticulada. Algunos ejemplares asiáticos han pasado de los seis metros. En 1912 fue capturado un ejemplar que medía diez en la costa norte de Célebes, y el hecho llamó la atención por lo inusitado. En 1963 murió en el zoológico de Highland Park (Pennsilvania, EE.UU.) un ejemplar que medía casi nueve metros de longitud. Se han reivindicado longitudes superiores a los trece metros para la Anaconda de América del Sur, aun cuando no haya sido oficialmente comprobado este extremo.

Pese a la falta de pruebas, mucha gente sigue afirmando la existencia del siniestro ofidio.

Véase: Minhocao, Serpientes.

GUAXA, La. Se trata de un personaje propio de la mitología y folklore asturianos, aun cuando abundan seres similares en otras fábulas, de lugares alejados, incluso. Se la representa como una mujer vieja, arrugada, y de horrible presencia (posee un único diente).

Se la puede catalogar como una especie de «bruja-vampiro», ya que se las arregla para penetrar en las viviendas, a través de cualquier rendija, para chupar la sangre a la gente joven, especialmente a los niños, repitiendo sus visitas hasta que la víctima fallece.

En algunas localidades, como Caravia, por ejemplo, cuando se producen desapariciones de personas o cosas, se culpan a las Guaxas.

Véase: Gomia, Keres, Lamias, Tarasca.

GULO, El. Las gentes del norte de Suecia creían en la existencia de esta legendaria bestia, cuyo aspecto sería el de un perro de grandes dimensiones con cabeza de gato. Aunque era depredador, no parecía ser peligroso para los hombres, ya que éstos le daban muerte y, según testimonio del obispo de Uppsala, Olaus Magnus (mediados del siglo XVI), su pelo espeso servía para confeccionar gorros, sus tripas para cuerdas de instrumentos musicales y sus huesos constituían un remedio muy eficaz contra los dolores de oídos, el vértigo y otros males. «Consume —escribía— tal cantidad de comida que, cuando halla un paso estrecho entre los árboles, introduce la hinchada panza para expulsar su contenido.»

Esta leyenda podría tener algo de realidad, ya que sería una alusión al Glotón («Gulo gulo»), mamífero carnívoro de la familia de los mustélidos, bastante parecido a la marta, que habita en las regiones boreales de Europa y América.

H

HAIIT. Los nativos africanos dan este nombre a cierta criatura mítica, del tamaño de un gran mono (por ejemplo, un gorila). Tiene el vientre inclinado hacia atrás y casi rozando el suelo; su cabeza y su rostro recuerdan a las de un niño. El Haiit es grisáceo y en cada una de sus patas solamente tiene tres uñas, formadas de manera que recuerdan bastante a las espinas de una carpa, muy afiladas, con las que se ayuda para trepar a los árboles.

Al parecer, se alimenta tan sólo del aire. Si se le captura, se vuelve taciturno y emite grandes suspiros, como lo haría un ser humano.

Véase: Huspalim, Thanacht.

HAOKAH, El. Entre los indios siux (América del Norte), Haokah usaba los vientos como palillos para hacer resonar el tambor del Trueno. Tenía unos cuernos similares a los de un bisonte, y era tenido como una especie de divinidad tutelar de la caza, actividad en la que se basaba la economía de este pueblo.

Al parecer, tenía muy extraños hábitos: lloraba cuando estaba contento y reía cuando estaba triste. Experimentaba el frío como si fuera calor y viceversa.

HELA o HEL. Entre los escandinavos era la diosa de la Muerte y la soberana de Niflheim. Hija de Loke y de la giganta Angurboda; por tanto, hermana del lobo Fenris y de la Serpiente Midgard. Conociendo lo funesta que habría de ser, los dioses la precipitaron al Infierno. Tiene a su cargo las almas de aquellos que mueren de vejez o de enfermedad, las de las mujeres y las de los niños.

Se trata de una giganta de aspecto amenazador, cuyo cuerpo es negro y azul, y su rostro es tan lívido que inspira espanto. Monta un caballo de tres patas.

Reina sobre los nueve mundos de Niflheim, y el camino que conduce hasta ella es largo y penoso. Su morada está rodeada de murallas con varias puertas, y unos sombríos ríos de aguas envenenadas y lodo recorren su reino. Además, un espantoso perro vigila la entrada de una de sus cavernas (Gnipapellir), con el pecho manchado de sangre y siempre ávido de sangre.

Véase: Angurboda, Cancerbero, Fenris, Garmr, Loke, Serpiente Midgard, Xololt.

HIDEBEHIND, El. En realidad, al igual que el Gillygaloo —entre otros varios— se trata de una curiosa criatura, en cuya existencia nadie ha creído en modo alguno, pero que resulta un tema de conversación muy divertido en torno a las hogueras de los campamentos madederos de la zona fronteriza de los Grandes Lagos, a falta de otros mejores.

En realidad, no es posible describir el Hidebehind, ya que —como su nombre indica— siempre está «detrás de algo», por lo cual nadie le ha visto. «Por más vueltas que diera un hombre —señala Borges—, siempre lo tenía detrás… aunque ha matado y devorado a muchos leñadores.»

HIDRA, La. «Las formas de los monstruos se basan siempre, en última instancia, en la observación de la naturaleza —dice Heinz Mode en su libro *Animales y demonios fabulosos*—. Por otro lado, lo característico es la exageración y mezcla de formas, la combinación de cualidades y facultades de diversos seres naturales en una figura mixta, proceso que sólo puede tener lugar en la imaginación humana».

Según la mitología griega, Tifón (el monstruoso hijo de la Tierra y del Tártaro) y Equidna (mitad hermosa mujer y mitad sierpe), engendraron a la Hidra, serpiente de gran tamaño, dotada de siete espantosas cabezas, que vivía inmersa en el pantano de Lerna (cerca de Argos).

Cien cabezas le cuenta Diodoro de Sicilia; nueve la «Biblioteca» de Apodoloro de Atenas, aunque para la mayor parte de los investigado-

Hércules y la Hidra de Lerma (stamnos con figuras rojas)

res, sólo presentaba las citadas siete. Era difícil de matar, pues si se conseguía cortarle una de sus cabezas, le brotaban otras dos en idéntico lugar; de ahí, tal vez la confusión sobre el número de éstas. Al parecer, tales cabezas tendrían aspecto humano y la del medio era eterna. Su aliento secaba pozos y fuentes y envenenaba ríos y lagos. Incluso cuando la Hidra reposaba, el aire ponzoñoso que la rodeaba podía causar la muerte a hombres y bestias. La diosa Hera la había criado para que se enfrentase con Hércules.

La Hidra parecía destinada a la eternidad. Sin embargo, Hércules y Yolao la sorprendieron; el primero le cortó las cabezas y el segundo, para impedir que se reprodujesen, iba quemando con una antorcha las sangrantes heridas. En cuanto la que era tenida por inmortal, Hércules la sepultó bajo una gran piedra, «y donde la enterraron —concluye Jorge Luis Borges— estará ahora, odiando y soñando».

En su lucha contra otras fieras, el hijo de Zeus y Alcmena utilizó las flechas que mojó en la hiel de la Hidra, por lo que las heridas producidas de esta manera eran mortales. Se dice que mientras el héroe peleaba con este monstruo, cierto cangrejo, amigo de la Hidra, trató de morderle los talones, Hércules lo aplastó con el pie, pero Hera lo subió al firmamento, y desde entonces es una constelación y es el signo zodiacal de Cáncer.

Véase: Basilisco, Octuple Serpiente de Koshi, Serpientes, Tifón.

HIPÓGRIFO.

> Hipogrifo violento/ que corriste parejas con el viento,/ ¿dónde rayo sin llama/ pájaro sin matiz, pez sin escama/ y bruto son instinto/ natural, al confuso laberinto/ destas desnudas peñas/ te desbocas, te arrastras y despeñas?...
>
> *La vida es sueño,* Pedro Calderón de la Barca

Como símbolo de la incongruencia, el poeta Virgilio utilizó una curiosa hipérbole comparativa, el cruzar grifos con caballos («Jungen-tur jam grypes equis»)... De ahí surgió el célebre animal fabuloso de los poemas caballerescos, mitad caballo y mitad grifo alado.

Véase: Grifo.

HOMBRE-LOBO. La leyenda del Hombre-Lobo, como ser humano que se transforma en bestia durante las noches de luna llena para cometer toda clase de atrocidades, crímenes incluidos, existe desde la más remota antigüedad y sus orígenes se pierden en la noche de los tiempos.

> Entre las manifestaciones más antiguas y persistentes del hombre-monstruo destaca el que cambia de forma, el hombre-animal. Tratese de un Hombre-Lobo, un Hombre-Jaguar, un Hombre-Pantera o un Hombre-Oso —porque sus características varían con la geografía—, es siempre proyección física de rasgos humanos bestiales. En vez de referir sus terrores a algún temido depredador o un ser de pesadilla, el individuo cree que él mismo se convierte en monstruo y adopta la forma, pelaje, colmillos y garras de un animal.
>
> *Los poderes desconocidos*

Una gran parte de los Hombres-Lobo han aparecido en Europa, cuyos primitivos habitantes, en épocas en que la población humana era escasa y vivía dispersa, los bosques se presentaban como un medio denso y hostil. Conocido el lobo por su ferocidad desmedida, su ansia de sangre, su fuerza y su astucia, no hacía falta dejar volar mucho la fantasía ni caer en la psicosis para investirlo con los rasgos aterradores que naturalmente poseía.

El patrón de todos estos Hombres-Lobo, por supuesto, es Lycaón, el no tan feliz rey de Arcadia —según la obra del griego Pausanias (siglo II d. C.), *Descripción de Grecia*—, mito recogido también por Platón y Ovidio, con algunas diferencias. Lycaón, de cuyo nombre se deriva el término «licantropía», hijo de Pelasgo o de Titán, y de la Tierra, fue el fundador y el primer rey de la ciudad de Licasura, erigiendo un altar en honor de Zeus en el Monte Liceo. Sin embargo, cometió la imprudencia de querer engañar a Zeus, invitándole a un banquete en el que hizo servir un guiso preparado con carne humana. Descubierta la burla, Zeus condenó a este rey y a toda su familia a convertirse en lobos.

«Surgió —escribió Tomás Doreste— entonces el nombre de "licantropía" para designar a esta supuesta transformación de un hombre en lobo, y ha seguido hasta la fecha.» En realidad, este término se aplica a toda monomanía de esta naturaleza, sea cual fuere la forma animal que el enfermo crea adoptar (o «zoantropía paranoica»).

Plinio el Viejo recoge, en su *Historia Natural,* el caso del hechicero Domaco que por haberse comido a un niño se convertía en lobo en el período que duraba la luna llena, y el autor del *Satiricón* (novela picaresca atribuida a Petronio) pone en boca de uno de sus personajes, el despavorido Nicero —en el capítulo XLII—, el relato de cómo un soldado se aproximaba por las noches a un cementerio, se despojaba de sus ropas, que dejaba sobre una tumba, orinaba sobre ellas, que *ipso facto* se convertían en piedra, y él se transformaba en un feroz y enorme lobo, añadiendo para concluir: «...comprendí entonces que era el lobo del que me hablara Melissa y a partir de entonces antes me habría dejado matar que comer siquiera un pedazo de pan en su com-pañía. Los que no me conozcan y crean que miento, allá con su juicio, pero que me ahoguen los genios tutelares de esta casa sino he dicho la verdad» (por cierto, que ninguno de los presentes puso la menor objeción a la historia).

El tema del Hombre-Lobo, por su extensión, merecería un libro aparte; por lo que no deseamos extendernos mucho, limitándonos a un pequeño resumen del mismo, prescindiendo de los argumentos relacionados con la medicina, ya que los psiquiatras utilizan la expresión ya mencionada, para designar ciertos estado de desequilibrio mental, que experimentan algunos neuróticos o enfermos, sobre lo cual existe abundante y autorizadísima documentación.

Un personaje histórico, Nabucodonosor (Daniel, 4-21/34) fue metamorfoseado en buey, durante siete años, como castigo divino por haber sometido y deportado a los israelitas. Colin de Plancy aseguraba que cuando el monarca de Babilonia recobró la razón y su forma humana, sus uñas quedaron deformadas a modo de pezuñas de buey, y una de éstas era celosamente guardada por un rey de Dinamarca en su «gabinete de curiosidades».

Verdaderamente afectado por un transtorno cerebral, Nabucodonosor debió padecer «insania lupina», una extraña afección que tanto apasiona a los médicos, teólogos y dermatólogos. Por el contrario, Tomás de Aquino (siglo XIII), llamado el «Doctor Angélico» mantenía que la

Licaón, rey de Arcadia, convertido en lobo por Zeus

extraña transformación del tirano babilónico sólo existió en su exaltada imaginación. Bodin (siglo XVI) la creía real y obra del demonio, y terminaba afirmando que negar tan grave cuestión era actitud «sospechosa, malsonante y semiherética»; sin embargo, en sus escritos, propugna la tolerancia en materia religiosa.

Las leyendas podrían remontarse a ciertos mitos nórdicos, según los cuales, los dioses adquirirían apariencia de oso o de lobo, extendiéndose posteriormente por toda la Europa occidental y por los Balcanes; y estas leyendas, basadas, a veces, en hechos que aparentemente parecían confirmarlas, fueron tomadas en serio por intelectuales de la talla de Estrabón, Plinio el Viejo, Pomponio Mela, Dionisio, Afer, Virgilio, Varrón, San Agustín, San Jerónimo, Santo Tomás de Aquino, Paracelso, etcétera. Así se justifica su denominación en las principales lengua europeas: «Werewolf», Werwolf», «Loup-garou», «Lobisome», «Lupo manaro», «Garwall», «Warulf», etcétera.

En los Balcanes se creía y se cree que si un hombre bebe de las mismas aguas en que lo haya hecho recientemente un lobo, puede convertirse en Hombre-Lobo. En el Medievo se creía firmemente que si un fraile amenazaba a un pecador impenitente, éste correría idéntica suerte. Así, se decía en Irlanda que San Patricio (siglo V) maldijo a una tribu por su falta de fe, por lo que cada siete años (coincidencia del las desventuras de Nabucodonosor), todos y cada uno de sus miembros se convertían en lobos.

Algunas leyendas europeas mencionaban la habilidad de ciertas brujas españolas para adoptar tal forma; también corrían idéntico peligro aquellos que resultasen mordidos por un Hombre-Lobo o por una de estas bestias rabiosas o bien por consumir ciertas plantas. En Italia se pensaba que bastaba haber sido concebido en plenilunio o simplemente dormir en viernes a la intemperie bajo la luz de la luna llena para ingresar en el «grupo». Otros, los más, creían que se accedía a este estado mediante pactos con el Maligno.

Realizaba tal transformación, el Hombre-Lobo se mostraba, bien como un lobo de grandes dimensiones, bien como un ser humano erecto muy velludo —así suelen aparecer en la mayor parte de las leyendas y representaciones iconográficas—, que conserva garras en las manos y facciones humanas repulsivas. En cualquiera de ambas metamorfosis desgarra las gargantas de sus víctimas, ya sean personas o animales, y luego devora la carne cruda. En el cuadro de Goya (siglos XVIII-XIX), *Transformación de las Brujas* vemos como cuatro hechiceras se convierten en bestias, siendo la que ha adoptado forma de lobo la que parece dominar el conjunto.

Los Hombres-Lobo, asimilados durante centurias a dementes peligroso o posesos, podían cuando su transformación no era evidente, ser identificados con arreglo a inequívocas señales: su forma de andar, el abotargamiento y la hinchazón de la cara, la supuesta insensibilidad a insectos y parásitos, utilización de palabras pertenecientes a idiomas desconocidos, punzadas con agujas o lancetas sin efusión de sangre y, el signo más verídico, los denominados «clamores del vientre». En Italia se creía (siglo XVI) que a ciertos licántropos les crecía pelo en el interior del cuerpo. Se sabe de algún pobre diablo que acabó sus días bajo el escalpelo de los inquisidores. Por estos motivos muchas personas, inocentes casi todas de los crímenes de que se les acriminaba, murieron en la hoguera o fueron sometidos a espantoso suplicios. Así durante muchos años, padecer hirsutismo (enfermedad que hace crecer excesivamente el vello del cuerpo) constituyó motivo justificadísimo de temor para familias enteras.

Los procedimientos utilizados contra los Hombres-Lobo son tan variados como numerosos —según las culturas y lugares—; así, la sabiduría francocanadiense aconseja recurrir al exorcismo, o llamarle tres veces por su nombre de bautismo, si se conoce.

En Francia se decía que el único modo de acabar con él era extraerle tres gotas de sangre mientras dura su transformación, y en los Balcanes y en ciertas zonas de Europa Central bastaba con suministrarle acónito (una planta con propiedades medicinales)... No obstante, el mejor remedio (como todo el mundo sabe) para librar al Hombre-Lobo de su triste condición es el dispararle con balas de plata, previamente bendecidas por un sacerdote, y a ser posible confeccionadas con algún objeto procedente de una iglesia, como una cruz, un candelabro, etcétera.

En las leyendas de casi todos los países, como hemos visto, está presente el mito de los hombre-animales, con las mencionadas variantes geográficas y culturales. Algunas de tan curiosas historias pueden fundamentarse en hechos reales. Como sabemos, se da el caso —poco frecuente, por fortuna— de personas que se creen animales y tratan, incluso, de comportarse como tal; tal sería el caso bíblico de Nabucodonosor.

Pero ni la reciente interpretación de la «licantropía» como enfermedad —sin otras implicaciones— ha conseguido borrar totalmente la figura del Hombre-Lobo de la mente y de la sociedad humanas. Una noche de verano de 1949, la policía de Roma hubo de acudir a un jardín donde se detectó la presencia de un supuesto «Lupo manaro», deteniendo a un joven que aullaba, andaba a cuatro patas, y escarbaba la tierra con largas y afiladas uñas, a modo de garras. Posteriormente declaró, ya hospitalizado, que solía perder la conciencia cuando había luna llena y cuando despertaba se encontraba vagando por las calles, obedeciendo a impulsos desconocidos.

Véase: Bestia de Gévaudan, Cinocéfalos.

HOMBRE-PEZ. «Se ve que la creencia en hombres y mujeres marinos —afirma Antonio Ribera— se extendía desde los mares griegos hasta los germánicos» …pasando por Portugal. El padre Juan Eusebio Nieremberg (siglo XVII) de la Compañía de Jesús y hombre muy docto, afirmaba que en las costas de este país, «se vio un hombre que salía del mar, tocando con la boca una concha». Obviamente, no estamos en condiciones de pronunciarnos. Pero lo que no deja de ser cierto es que el asunto originó un pleito entre la Corona lusa y el Maestre de la Orden de Santiago, «sobre a quien pertenecía el tributo de los Tritones y las Sirenas de la mar, y se sentenció, que el tributo de las Sirenas tocara al Rey, y el de los Tritones al Gran Maestre»… lo que no sabemos son los medios empleados por los dignísimos agentes del Fisco para convencer a tan extraños contribuyentes al pago de los impuestos…

Pedro Mártir de Anglería (1459-1526) recogió valiosísima informaciones de navegantes de su tiempo, lo que hacen de sus escritos una fuente indiscutible para la historia de los descubrimientos. Cuenta cómo algunos marineros vascos afirmaban haber oído en alta mar una música agradabilísima, que atribuían —totalmente convencidos— a estos seres marinos. De este hecho se hace también eco el historiador guipuzcuano Lope Martín de Insasti.

En 1741, el naturalista Georg Wilhelm Steller observó durante unas horas en aguas el Pacífico Norte, cerca de las islas Aleutianas, un extraño ser antropoide al que describió como una especie de «mono de mar», sin conseguir apreciarle extremidades inferiores, salvo una larga y estrecha cola, bastante parecida a la de los tiburones.

En Galicia existe la creencia de que una variedad de estos «hombres-peces», llamados «mariños», son descendientes de los Tritones que pueblan las playas. A ellos se refiere el escritor Antonio de Torquemada en su *Jardín de Flores Curiosas* (1570), aludiendo a la creencia acerca de su existencia en las costas galaico-portuguesas. «No quiero que pasemos adelante sin que sepáis una común opinión que se tiene en el reino de Galicia, y es que allí hay un linaje de hombres que llaman los Mariños, de los cuales se dice y afirma por cosa muy cierta...» Al parecer, tales «mariños» serían consecuencia del apareamiento, generalmente forzoso, de un Tritón con una mujer.

Tan curiosa como desconcertante es la historia de Francisco de la Vega Casar, llamado el «hombre-pez» de Liérganes (Santander), detalladamente registrada por el benedictino Benito Jerónimo Feijóo —violento crítico de las supersticiones y creencias populares, siempre dentro de la ortodoxia católica—, en su célebre *Teatro Universal.* Al parecer, este hombre —cuya partida de nacimiento se conserva— desapareció en el mar la víspera del día de San Juan de 1673... Seis años después, se le capturó en Cádiz. Había perdido el uso de la palabra y su piel estaba cubierta de escamas. Permaneció algún tiempo con su familia, hasta que —según los indicios— regresó a lo que creía su verdadero hogar: el mar. Feijoo menciona similares casos registrados en Catania (Sicilia) y Holanda.

En la ría de Requejada (Santander) fue visto, en 1838, y así lo consignó la prensa de la época, uno de estos «hombres-peces», de color oscuro y ojos blancos, que se zambullía y se comportaba como tal. Este hecho —con independencia de su veracidad— fue recogido por el doctor Marañón en *Las ideas biológicas del Padre Feijoo.*

Véase: Dagón, Glauco, Oannes, Obispo de Mar, Peje Nicolao, Pez-Mujer, Sirenas, Tritones.

HORUS (el Dios Halcón). Se trata de una divinidad múltiple e inasible del Panteón egipcio susceptible de reducirse a dos tipos básicos,

Horus, el Dios Halcón (de *Mitología egipcia*, Max Müller)

aun cuando existan varias ramificaciones y personificaciones suyas, bajo diversos nombres. El Horus estelar, en forma de dios solar, poderoso y batallador, representado por el Halcón y que concluirá encarnando a todas sus formas. La segunda es la de Horus, como hijo de Isis y Osiris, héroe del mito, en el que aparece primero como compañero y posteriormente como adversario de Seth y parangón de la unidad real.

Personificaba entre los antiguos egipcios el Sol naciente, identificado como Apolo Febo por los griegos. Se le representaba con cabeza de halcón y cuerpo de hombre o en forma de esta ave, ya que puede volar contra el sol, gracias a unas membranas oculares protectoras. Vengador de la muerte de su padre e iniciador de la civilización del Antiguo Egipto.

Ya desde el período Protodinástico, el monarca recibía el título de «dios viviente», siendo identificado con Horus, y por tanto, enlace en la Tierra entre hombres y dioses.

Entre sus atribuciones, figuraba la de intervenir en el juicio a que eran sometidos los egipcios tras su muerte, para determinar su justificación o su condenación.

Véase: Anubis.

HSING-T'IEN. Ser acéfalo de la mitología china, que, habiendo combatido contra los dioses, fue decapitado y condenado por éstos a vivir para siempre sin cabeza.

Se le representa con los ojos en el pecho y el ombligo era su boca. Solía aparecerse en los descampados brincando y saltando, blandiendo amenazadoramente su escudo y su hacha.

No eran infrecuentes las leyendas medievales de hombres sin cabeza, con un solo ojo, con un único y descomunal pie, etcétera.

Ilustraciones del *Liber Chronicarum*, propias de las leyendas medievales. El de arriba de la derecha, carente de cabeza, presenta un aspecto bastante similar al Hsing- T'ien chino. (Archivo del autor)

HUSPALIM. André Thevet, en su *Cosmografía,* describe una extraña especie animal en la isla de Socotora (Yemen), que en la Antigüedad era el fabuloso país de la mirra y el incienso. Del tamaño de un mono de Etiopía, no era fácil clasificar, su aspecto «muy monstruoso», piel de color rojo escarlata, algo moteada, cabeza redonda, como una gran pelota, pies redondos y planos, carentes de garras. Al igual que su presunto «pariente», el Haiit, parecía vivir sólo del aire. Los indígenas le capturaban y comían su carne.

Véase: Haiit, Thanacht.

I

IBIS, El. Este ave, perteneciente a la familia de las zancudas del orden de las ciconiformes (las cigüeñas), gozaba entre los egipcios de una gran veneración. El llamado «Ibis Sagrado» («Threskiornis aethiopicus»), se distingue por el plumaje blanco que presenta en todo el cuerpo, a excepción de la cabeza, cuello y parte de las alas, que son negros. Esta veneración alcanzaba tal extremo que, quien causaba la muerte de uno de estos ibis, era severamente castigado.

Se considera a esta ave como protectora del río Nilo, por los beneficios que reportaba destruyendo orugas y otros insectos dañinos, especialmente las langostas, procedentes de Arabia. También se mostraba adversario de las serpientes.

Su figura era, además, uno de los componentes básicos de las escritura jeroglífica y representaba la figura del dios Toth, deidad sapientísima, a quien se debe la escritura y el cálculo, entre otras aportaciones, como la medición del tiempo. Se le consideraba mago y protector de los escribas (es decir, funcionarios e intelectuales).

Es una ave rara en nuestros días, y no resulta fácil su localización. Suele vivir en bandadas, en zonas pantanosas, a orillas de ríos y lagos del norte de África.

Véase: Langosta, Serpientes.

IORMUNGANDUR o JÖRMUNGADR. Otro nombre por el que se conoce a la monstruosa serpiente hija de Fenris y Angurboda (hermana de Fenris y Hela). Rodea a la Tierra varias veces y su cola en el fondo del mar provoca tempestades.

Véase: Serpiente Midgar.

IRKUYÉN. Aseguran, convencidos de su existencia, los pastores de renos de la península de Kamchatka (región montuosa, recorrida por el río del mismo nombre), que se trata de una enorme bestia de aproximadamente una tonelada de peso, cabeza más bien pequeña, estrecha y alargada y las patas trasera muy cortas, por lo que el Irkuyén no puede correr. Se desplaza arrastrándose como una oruga y gusta, especialmente, de habitar en lugares no frecuentados por el hombre.

Si bien no resulta fácil catalogar a este animal, antiguas leyendas mencionan Dragones como el Wyvern, de dos patas, y el Gusano con alas, pero sin patas, lo que no quiere decir que el Irkuyén pueda ser considerado como tal, y que se diferenciarían de las demás especies de cuadrúpedos.

Véase: Dragones.

ISSA BEER. Una leyenda sudanesa, que tiene como protagonista el príncipe Samba Gana, de Faraka, habla de una gigantesca serpiente, más bien Serpiente-Dragón, llamada Issa Beer, cuya longitud era de uno dos mil metros. Su aspecto era terrorífico, cubierta de escamas, que parecían metálicas, ojos llameantes y colmillos como los de un elefante, era capaz de tragarse de un solo bocado un caballo con su jinete.

Samba Gana se atrevió a enfrentarse al monstruo, y tras una terrible contienda que se prolongó durante ocho largos años, consiguió darle muerte.

Véase: Dragones, Serpientes.

J

JATAYUS y SAMPATI. Garuda tuvo dos hijos, Jatayus y Sampati, que al igual que su padre ayudaron a Rama. Jatayus presentan el aspecto de «un poderoso buitre de forma y dureza sin igual». Combatió contra Ravana, monstruo de diez cabezas y jefe de los genios diabólicos o «rakshas», cuando éste se apoderó de la esposa del héroe, la hermosa y fiel Sita. «Cada vez más fiero el terrible combate se volvía;/ mientras demonio y pájaros libraban el encuentro./ Como si dos aladas montañas corrieran/ a un pavoroso encuentro en el aire» *(Ramayana,* III-236). Pese a su valentía, Jatayus acabó sucumbiendo ante tan colosal adversario.

En su búsqueda de Sita, Rama y Lakshman encontraron a Sampati, el hijo menor de Garuda, quien al saber la muerte del bravo Jatayus, les proporcionó muy útiles informaciones acerca del paradero de Ravana.

Véase: Garuda.

JINSHIN-UWO (el pez de los Terremotos). Según una antiquísima leyenda nipona, se trata de una anguila gigantesca que lleva todo el Japón sobre su lomo. Cuando decide desplazarse, lo hace de Norte a Sur, de manera que la cabeza viene a quedar bajo Kioto, y la punta de la cola bajo Awomori.

Sin embargo, otras versiones del mito, prefieren invertir el rumbo, dado que en el Sur son más frecuentes los seísmos y así resultaría bastante más fácil imaginar un movimiento de la cola.

Véase: Apop, Kami, Serpiente Midgard.

JOHN FRUM. «La película *Mondo Cane* —escribe Andreas Faber Kaiser en su libro *Sacerdotes o Cosmonautas*— muestra a varios de estos indígenas (se refiere a nativos primitivos de Nueva Guinea) construyendo un fantástico modelo de avión a gran escala, con la esperanza de que sirva de señuelo para atraer a los auténticos aviones que pasan volando por encima…».

> Unas patrullas del Gobierno australiano, al aventurarse en 1956 en las tierras altas e incontrolables de Nueva Guinea, encontraron a la población agitada por un vendaval de excitación religiosa: acababa de nacer el culto del «cargo». El «cargo» es una expresión inglesa que designa las mercancías destinadas a los indígenas: latas de conservas, botellas de alcohol, bujías de parafina, etc. Para aquellos hombres, que se encuentran todavía en la edad de piedra, el súbito contacto con tales riquezas tenía que ser desconcertante. ¿Acaso los hombre blancos podían haber fabricado semejantes riquezas? Imposible. Los blancos a quienes conocían eran sin duda incapaces de hacer brotar de sus manos un objeto maravilloso. «Seamos positivos, se decían más o menos los indígenas de Nueva Guinea: ¿habéis visto alguna vez a un hombre blanco fabricar alguna cosa? No. En cambio, los blancos se entregan a misteriosas actividades». Se visten todos de la misma manera. A veces se sientan ante una caja de metal provista de cuadrantes y escuchan extraños ruidos que salen de aquella. Y trazan signos en hojas blancas. «Todo esto son ritos mágicos, gracias a los cuales obtienen que los dioses les envíen el *cargo.»* Los indígenas intentaron, pues, copiar estos «ritos»: trataron de vestirse a la europea, empezaron a hablarles a las latas de conserva, plantaron tallos de bambú sobre sus chozas, a manera de antenas, y construyeron supuestas pistas de aterrizaje, esperando el «cargo»…[4]
>
> *El retorno de los brujos,* Louis Pauwels y Jacques Bergier.

En nueva Guinea había surgido, pues, el mito del «Carguero» (o del «cargo»), según el cual grandes aviones divinos deberían atender las necesidades de los nativos y conducirles a una nueva (si es que alguna vez la hubo) Edad de Oro.

Años antes, había aparecido en Nuevas Hébridas (no tan alejadas de Nueva Guinea, como para no haberse dado alguna influencia mutua),

4 Téngase en cuenta que este libro fue escrito antes de 1960.

un culto similar al del «cargo»; aunque, aquí con muy claras connotaciones antiblancas y anticoloniales. Así nació durante la II Guerra Mundial el mito del «dios» John Frum (*Frum* es una clarísima corrupción de la palabra inglesa *Broom,* que significa *Escoba*), «la escoba barrerá a los blancos, pero que traerá también las riquezas del mundo moderno», resume Bernard Villaret.

No faltan, por lo tanto, razones sociales, económicas, religiosas, política y etnológicas que explicaría el nacimiento y desarrollo de estos mitos.

K

KAMI, EL. Se trata de una creación producto de mitólogos y escritores japoneses del siglo VIII, por cierto, muy similares a la del Pez de los Terremotos. «Bajo la Tierra —de llanuras juncosas— yacía el Kami (un ser sobrenatural) que tenía la forma de un barbo y que, al moverse —dice la leyenda—, hacía que temblase la Tierra hasta que el Gran Dios de la Islas de los Ciervos hundió la hoja de su espada en el suelo y le atravesó la cabeza. Cuando el Kami se agita, el Gran Dios se apoya en la empuñadura y el barbo vuelve a la calma».

Una versión, bastante tardía, de la fábula pretende que el pomo de la espada sobresale del suelo en las proximidades de un templo. Seis días con sus noches, estuvo cavando un curioso guerrero, sin conseguir llegar a la punta de la misma.

Véase: Apop, Jinshin-Uwo, Serpiente Midgard.

KAPILA (el de las cien cabezas). Kapila era un asceta brahmánico, que —tras muchos años de estudio— había conseguido superar a todos sus compañeros en la comprensión de los sagrados textos. Dejándose llevar por la vanidad, dedicaba frases faltas de la más elemental caridad a los que incurrían en algún error, tal como «cabezas de mono», «cabezas de cerdo», «cabezas de cabello», etcétera.

A su muerte fue convertido en un pez gigantesco con un centenar de cabezas: una de mono, otra de perro, de caballo la otra, etcétera; un justo castigo por su falta de humildad y las frases dedicadas a los otros místicos.

KEL ESSUF, Los. Los «tuareg» (en singular «targui») son un pueblo bereber disperso en las regiones centrales de Sahara. En su mayoría, se dedican a la ganadería nómada de camellos y caballos. Viven en pequeñas comunidades de tiendas de pieles, rigiéndose por un sistema feudal, con distinción de tribus y de clases. Hablan una lengua propia y profesan el islamismo, aunque mezclado con ciertas creencias animistas.

Los Kel Essuf (o «Gentes de las Soledad») son una especie de genios malignos, hijos de los Yenun y los nómadas les atribuyen la provocación de catástrofe naturales: tormentas de arena o inoportunos movimientos de dunas, capaces de sepultar poblados o caravanas, desecación de bolsas de agua, y otros inexplicables fenómenos metereológicos. Los «tuareg» aceptan todo esto estoicamente, pero procuran hablar en público lo menos posible de todos estos malos espíritus.

Véase: Djinns, Genios, Rul, Yenun.

KENABEEK. Son innumerables las estampas antiguas que muestran a personas y embarcaciones levantadas entre cielo y tierra, ya sea en las garras o en las fauces de grandes seres serpentiformes.

Cabe recordar aquellas enormes serpientes (o lo que fueran) que trituraron los huesos del troyano Laocoonte —hijo de Príamo y de Hécuba—, sacerdotes de Apolo, quien advirtió a los troyanos contra la artimaña de los griegos. Irritada Atenea, envió contra él a dos serpientes, que le sorprendieron en una playa, junto con sus dos hijos, mientras sacrificaba a Poseidón. Ahora bien, algunos piensan que no se trata de reptiles, sino de los grandes tentáculos de algún desconocido monstruo marino. Sin embargo, los relatos acerca de gigantescos pulpos, no deben ser tomados muy en serio, incluso cuando éstos paracen muy claros. («Este es el mar, grande, inmenso;/ allí reptiles sin número,/ animales pequeños y grandes./ Allí las naves se pasean, y ese Leviatán que hiciste por que allí retozase…» Salmos, 104-25/26).

Una antigua fábula china menciona una «gran serpiente de mar, tan larga que, cuando descansaba, un junco había de navegar durante varios días para ir de un extremo a otro de su cuerpo».

En el siglo XVI, el obispo sueco Olaus Magnus describe una extraña y terrible criatura marina, de unos setenta metros de longitud, «con una extraña melena y los ojos flameantes», que diezma no sólo a la fauna marina y costera, sino que se atrevía a atacar y hundir embarcaciones.

Los iroqueses constituyeron una notable familia cultural y lingüística. Hasta la llegada de los europeos, habitaban tierras fértiles y productivas. Se hallaban instalados en torno a los Grandes Lagos del este, en una faja que iba desde el Bajo San Lorenzo hasta la bahía Chesapeake, incluyendo la zona de los Adirondacks y el lago Mirror.

Su economía estaba basada en la caza, la pesca y la agricultura. En el siglo XVI crearon la denominada «Liga Iroquesa», que —con algunas variaciones— perduró hasta el siglo XVIII, en que se constituyó una confederación de tribus para defenderse de otros pueblos vecinos y, en especial de los colonos blancos.

Entre sus creencias figuraba un Espíritu del Mal, a quien se debía todo lo malo existente sobre la faz de la Tierra, desde monstruos y alimañas, hasta reptiles venenosos y plantas nocivas.

En las leyendas iroquesas ocupa destacado lugar el héroe Hiawatha, viajero, aventurero y profeta, que realizó numerosas hazañas; una de las más famosas fue el acabar a flechazos con el monstruo Kenabeek, un ser de tentáculos serpentiformes, terminados en cabeza «que causaban espanto», muy similares a las del monstruo homérico Escila.

Las proezas de Hiawatha fueron descritas por el poeta estadounidense Henry Wadsworth Longfellow en *La Canción de Hiawatha* (1855), una recopilación de leyendas indias.

Véase: Caribdis, Escila, Kraken, Leviatán, Serpientes, Serpiente de Mar.

KERES, Las. Se trata de unos espíritus malignos, protectores de toda suerte de aventuras. Se las describe como seres alados, negruzcos, de horribles dientes blancos y afiladísimas garras. Destrozan los cadáveres y beben su sangre.

Véase: Arpías, Gomia, Guaxa, Lamias.

KRAKEN, El.

> La «leyenda del Kraken», como parece suceder con la de las sirenas, reposa también sobre la existencia de un animal real. Existen, en efecto, calamares gigantes: los del género *Architeuthis,* enormes

moluscos perfectamente identificados y que alcanzan grandes dimensiones.

Yo mismo, en el Museo Oceanográfico de Mónaco, he visto, suspendido en el techo de una sala, un calamar disecado que alcanza la respetable longitud de siete u ocho metros. Lo que sucede es que estos calamares gigantescos son rarísimos y por lo general sólo frecuentan las aguas del Círculo Polar Ártico, en las inmediaciones de Groenlandia.

En 1856, el zoológico danés Johann Japetus Steenstrup pudo demostrar de manera indiscutible la existencia de los calamares gigantescos, basándose en un pico de este molusco que alcanzaba 11,5 cm de longitud. Steenstrup bautizó a este nuevo género de cefalópodos con el nombre de *Architeuthis.*

No tardaron en producirse nuevos descubrimientos. En 1861, la tripulación del aviso francés *Alecton* libró un combate de dos a tres horas de duración con un calamar de 7 a 8 metros, al que intentaba pescar. Mas una vez arponeada, la enorme bestia no pudo ser izada a bordo, ya que pesaba entre dos y tres toneladas. Este incidente fue el que inspiró a Julio Verne su ataque al *Nautilus* por un calamar gigante, en *Veinte mil leguas de viaje submarino.*

El Mar, ese mundo fabuloso, Antonio Ribera

El 2 de noviembre de 1873, los tripulantes de un pesquero de Thimble Tickle (Terranova) vieron a un gigantesco animal marino luchando contra la marea ascendente. Consiguieron, no sin trabajo, enganchar al monstruo con un arpón provisto de lengüeta y, cuando las olas lo arrojaron a la playa, lo ataron a un árbol de la orilla. Su cuerpo medía seis metros y sus tentáculos más de diez, tan gruesos como el cuerpo de un hombre robusto, con ventosas de más de diez centímetros de anchura. Su pico tenía veinte centímetros de longitud y el diámetro de sus ojos, se aproximaba a los cuarenta. Pesaba unas treinta toneladas. «Si un monstruo de tales dimensiones —añade Ribera— atacaba un navío aferrándose a su casco, tenía grandes posibilidades de hacerlo zozobrar. Esto presentaba grandes visos de verosimilitud a la "leyenda del Kraken".»

Por aquellas fechas, varios de estos *Architeuthis* embarrancaron en las costas de Terranova, pudiendo ser estudiado, en buenas condicio-

Un Kraken arrastrando un navío al fondo de los mares (archivo del autor)

nes de conservación, por el zoológico norteamericano Addison Verril. El que hemos citado, aunque de tamaño sorprendente, resultó ser una versión reducida del Kraken de las leyendas; y aunque no se han encontrado ejemplares mayores, no faltan testimonios basados en las declaraciones de algunos balleneros y en la captura de cachalotes, que presentaban cicatrices de ventosas de casi medio metro de diámetro…

Si esto fuese cierto, corresponderían a un auténtico monstruo de las características atribuidas al Kraken, pues su longitud rondaría los setenta y cinco metros.

Científicos estudian un extraño cefalópodo capturado en Tarragona. Un extraño cefalópodo con cabeza de calamar y extremidades de pulpo, capturado el pasado viernes por un pescador cuando faenaba a unas siete millas frente al puerto de Tarragona, está siendo estudiado por un equipo científico para determinar el origen de la transformación.

El Instituto Oceanográfico del Mediterráneo, con sede en la capital tarraconense, ha iniciado las investigaciones sobre un raro ejemplar, de un metro de longitud y 3,890 kilos de peso y que murió al poco tiempo de ser pescado.

El director de este centro, Wilhelm Mattheissen, dijo que este cefalópodo se diferencia de los calamares por poseer una gran membrana entre sus tentáculos y por la longitud de éstos, tres veces más grandes de lo normal y provistos de unas ventosas.

Uno de los ojos, de diferente color, es mucho más grande que el otro, aunque, según el científico, esta deformación puede haber sido causada por un traumatismo.

El cefalópodo proviene, casi con toda seguridad, de las grandes profundidades, ya que en su interior fue hallado un tipo de pez que sólo se encuentra en el fondo marino y además su membrana es inadecuada para la vida en superficie.

Wilhelm Mattheissen explicó que en el Mediterráneo nunca se había descubierto un ejemplar de estas características, aunque añadió que hay cefalópodos con una membrana similar en el Pacífico.

«La variación del sistema ecológico producida por la contaminación industrial, que depositaría algunos metales pesados como el mercurio o el cadmio en el fondo del mar a través de las precipitaciones, es la hipótesis más fiable para explicarnos el hallazgo de este animal», indicó el científico.

Diario *Alerta,* edición de Valladolid,
jueves 24 de diciembre de 1992.

De entre los monstruos marinos, tal vez el más temido era el Kraken, y el convencimiento de su existencia venía de muy antiguo.

Plinio el Viejo, por ejemplo, mencionaba una especie de sepia de descomunales dimensiones.

El cronista del siglo XVI, Olaus Magnus y el zoólogo renacentista Ulises Aldrovandi, creyeron sin reservas en su existencia, y basándose en relatos populares —que no se tomaron la molestia de analizar— les atribuyeron feroces instintos. El propio naturalista sueco Carl Linneo (siglo XVIII), se dejó influir por éstos y otros autores.

Muy arraigado a la mitología terrorífica de los pescadores escandinavos. Dragón, serpiente de mar o gigantesco pulpo, «entre las muchas cosas grandes que hay en el Océano —escribía el obispo de Bergen, Eric Pontoppidan, en su *Historia Natural de Noruega* (1752)— ...está el Kraken. Esta criatura es la mayor y más sorprendente de toda la creación animal».

Según las consejas populares, cuando salía a la superficie, este monstruoso ser, de forma no bien definida, podía ocupar una longitud próxima a los dos kilómetros y medio. Debido a una joroba que, al parecer, tenía en su espina dorsal y a sus tentáculos, que flotaban como flecos de algas, los marineros le tomaban por una isla, desembarcaban en él, encendían hogueras, y se disponían a gozar de merecido descanso; y nada tenía de particular que el Kraken, irritado, decidiera sumergirse con las consabidas consecuencias.

Por este motivo, el crédulo Pontoppidan aseguraba que las islas misteriosas que aparecían y desaparecían en los mares del Norte no eran otra cosa que Krakens, afirmando, tal y como recoge Borges, que solía enturbiar las aguas con una descarga de líquido, lo que coincide con el comportamiento y modo de desplazamiento de los cefalópodos en general. Algunos lo relacionan con el Leviatán bíblico...

Tal vez tuviera razón el poeta inglés Alfred Tennyson (1809-1892): «Bajo las agitadas aguas superficiales;/ lejos, muy lejos, en el mar abismal/ su antiguo y no turbado sueño/ duerme el Kraken...»

Véase: Bestia Jasconios, Dragones, Escila, Fastitocalón, Gran Tortuga de Mar, Kenabeek, Leviatán, Serpiente de Mar, Zaratán.

L

LAMIAS, Las. Se trata de un mito originario de la Antigua Grecia (basado en leyendas mesopotámicas y hebreas). Lamia era una reina libia de singular belleza, habiendo ocasionado los celos de Hera (hermana y esposa de Zeus), la Juno de los romanos, quedó metamorfoseada en un ser monstruoso. Inofensiva en el sueño, una vez despierta, tomaba forma de dragón o gran reptil, con rostro humano, dedicándose a la caza de jóvenes y niños.

La versión latina no eran muy diferente, Lamia o las Lamias habitaban en África. De cintura para arriba su forma era la de hermosas mujeres; más abajo la de una serpiente, y si bien, al parecer, carecían de la facultad de hablar, sus silbidos eran melodiosos. Para unos eran hechiceras, y para otros, monstruos malignos. Atraían en los desiertos a los viajeros para después devorarlos. Se las suponía de origen divino, fruto de uno de los muchos amores de Zeus.

Véase: Delfina, Elfa, Gomia, Guaxa, Keres, Mae de Aigua, Serpientes, Sirenas, Tragantía.

LAMIÑAS. Seres fabulosos propios de la mitología del País Vasco. Tienen figura humana, generalmente femenina y parte de peces o aves (normalmente, mitad persona y mitad animal). Dado que el mito presenta algunas variantes, otras veces aparecían con el consabido aspecto de mujer, pero con los pies de gallina, pato o cabra.

Se trataba de genios malignos, que gustaban de vivir en los bosques y en las orillas de los ríos.

Otros mitos semejantes se encuentra, como ya se ha visto, entre los pueblos del norte de la Península Ibérica y, al parecer, se aprecian en ellos antiquísimas raíces indogermánicas.

Véase: Empusas, Genios, Lamias.

LANGOSTA (Plaga de la) La.

El radar contra los insectos. A fin de detectar la entrada en Australia de insectos dañinos para la agricultura, procedentes de ultramar, han sido instaladas estaciones de radar sobre la costa septentrional de dicho país. Los equipos tiene un alcance de 100 kilómetros y pueden localizar con precisión a las nubes de insectos que se aproximan a través del mar, desplazándose desde las vecinas islas de Indonesia. Las pantallas de radar pueden, por otra parte, proyectar la imagen de insecto de un tamaño de hasta sólo 10 mm de longitud. Hasta ahora la detectación mediante radar había sido utilizada en Autralia para controlar el desplazamiento de las mangas de langostas, a fin de asegurar su destrucción.

Australian Science, recogida por *Enciclopedia Alfatemática*

Las langostas son insectos «ortópteros» saltadores, divididos en varias familias, que se caracterizan por tener sus patas posteriores más robustas. Cada cierto tiempo, cuando se desarrollan hasta el extremo de formar enjambres de millones de individuos y se producen cambios climatológicos, se producen plagas —fenómenos tristemente conocidos por todos— que acaban con las cosechas y con cualquier manifestación de vida vegetal, contra las cuales no se puede hacer gran cosa, ni siquiera en nuestros días.

Las zonas más afectadas pueden extenderse desde Marruecos hasta la India, aunque también se dan en zonas de Asia Menor y Turquestán. Tampoco se libra de éstas el continente americano, especialmente Centro y Sur. En la Península Ibérica, la variedad conocida como «langosta marroquí» (o «Dociostaurus marocanus»), también es temida por los agricultores.

Con la intención de dar una somera idea de la magnitud de esta plaga, expondremos unos breves datos. El enjambre de «langostas del desierto» (o «Schistocerea gregaria») más grande de que se tiene noticias cubrió una superficie de casi 5200 km cuadrados (casi como la provincia de Santander), mientras cruzaba el Mar Rojo (1889). Según los cálculos se estableció que estaba compuesto por 250.000 millones de individuos, con un peso total de 508.000 Tm.

Esta variedad de langosta fue la protagonista de una de las famosas «Plagas Bíblicas», con las que las circunstancias o los designios de la providencia afligieron a los egipcios por retener y esclavizar al pueblo hebreo (Octaba plaga): «...Pero Yavé dijo: "Tiende tu mano sobre la tierra de Egipto, para que venga sobre ella la langosta; que suba sobre la tierra de Egipto y la devore todo lo que dejó el granizo". Moisés tendió su cayado sobre la tierra de Egipto, y Yavé hizo soplar sobre la tierra el viento solano durante todo el día y toda la noche. A la mañana el viento solano había traído la langosta. Subieron sobre la tierra de Egipto y se posaron sobre todo el territorio de Egipto, en tan grande cantidad como no la hubo ni la habrá nunca. Cubrieron toda la superficie de la tierra, que se oscureció. Devoraron todas las hierbas de la tierra, todos cuantos frutos de los árboles, todo cuanto había dejado el granizo; y no quedó nada de verde, ni en los árboles, ni de las hierbas de los campos, en toda la tierra de Egipto» (Éxodo, 10-12/15).

Nada tiene, pues, de particular que los egipcios sintiesen especial simpatía por cualquier animal que se alimentase de langostas, como el ya mencionado Ibis, dada la carencia de medios para combatir tan terrible azote.

Véase: Ibis.

LARES, Los. Según al mitología romana, se trataban de genios protectores de la vida doméstica, social y civil. Tutelaban la casa y sus habitantes. También los había protectores de los caminos, de los campos y de los caminantes. Fueron considerados como los Manes o espíritus de los difuntos de cada familia, respectivamente.

Aunque había diferencia entre los Lares y los Penates (que también protegían los hogares), no se trataba de entidades iguales, aunque con el tiempo, a finales del período Republicano, ambas acabaron confundiéndose.

Era costumbre generalizada que cada casa tuviese un Lar y dos Penates, cuyas imágenes se colocaban juntas en un nicho, para efectuar los cultos domésticos. El Lar se presentaba en forma de un joven con un cuerno para beber.

LARVAS. Así denominaban los etruscos y posteriormente los romanos a ciertos espíritus malignos, más bien, fantasmas de los muertos que no habían logrado el descanso, y que debían volver al mundo durante las noches para expiar sus crímenes. Se adherían a los pasos de los hombres para arrastrarlos a delinquir o se contentaban simple-mente con atemorizarlos. También eran conocidos con el nombre de «Lemures».

Para apaciguarlos, desde los legendarios tiempos de Rómulo, se celebraban unas fiestas llamadas Lemurias» los días 9, 11 y 13 de mayo, en las que no se celebraban bodas y se cerraban los templos de otras deidades.

Debían llevarse a cabo unos curiosos ritos domésticos, destinados a alejar de las casas a tan poco deseadas compañías. Hoy día hay en Italia gentes que consideran presagio de mala suerte casarse este mes o iniciar cualquier otra empresa.

Durante estas celebraciones nocturnas se tocaban tambores, en la creencia de que tales espíritus temían al ruido y que al oírlo desaparecían, también debían quemarse alubias negras (fríjoles) en los cementerios, cuyo olor los alejaba, mientras se pronunciaban determinados conjuros.

LEVIATÁN (o LEVIATHÁN). Del hebreo «Liviath tan» («monstruo tortuoso»). Se trata de una fabulosa criatura, poética personificación de las fuerzas del Mal y del Caos, que el poder divino sometió, convirtiéndola en juguete de su omnipotencia. («Este es el mar, grande, inmenso;/ allí reptiles sin número,/ animales pequeños y grandes./ Allí las naves se pasean, y ese Leviatán que hiciste por que allí retozase…» Salmos, 104-25/26).

Sin embargo, los desesperados pretenden —si pudieran— suscitarlos nuevamente para alterar el orden del Universo («…los que saben maldecir el día, los que saben despertar al Leviatán». Job, 3-8).

La creencia en esta malvada criatura viene de muy antiguo, ya en los textos mitológicos de Ugarit (promontorio de Ras Shamra, costa siria del Mediterráneo), hace casi 4000 años, aparecen alusiones a una mítica serpiente de siete cabezas, huidiza y tortuosa, y el profeta Isaías, recurre a esta figura para anunciar el terrible castigo que impondrá la Providencia a los enemigos de Israel, el Pueblo Elegido: «Aquel día castigará Yavé,/ con su espada pesada, grande y poderosa, al Leviatán, serpiente huidiza;/ al Leviatán, serpiente tortuosa,/ y matará al dragón que está en el mar… (Isaías, 27-1). Naturalmente, los enemigos de Israel eran Asiria, Babilonia y Egipto.

Véase: Dragones, Kraken, Moby Dick, Serpiente de Mar.

LOKE o LOKI. En la mitología escandinava, Loke era una deidad personificadora del «principio del mal», dedicada continuamente a producir toda clase de perturbaciones, desafueros y crímenes.

Su atributo era el fuego y poseía la movilidad de la llama y la posibilidad de destruir cualquier cosa. No recibía culto y se le juzgaba tan fuerte como perverso.

Fue amigo y compañero de Odín y su hijo Thor, a los que traicionó, dando muerte a Bálder (hijo de Odín), por lo que Thor le cas-tigó. Loke es quien acaudillará a los enemigos del cielo en el «Ragna-rok» («Juicio Final»).

Unido a la perversa giganta-hechicera Angurboda, tuvo a Fenris, Hela y la Serpiente Midgard.

Véase: Angurboda, Fenris, Hela, Serpiente Midgard.

M

MAE DE AIGUA. Nombre con el que en las orillas del Amazonas se designa, en Brasil, a una arrogante y temible mujer, de mirada fascinante, que arrastra a las profundísimas aguas del río a todos aquellos que comenten la imprudencia de contemplarla.

Véase: Lamias, Pez Mujer, Sirenas.

MAKARA. Se trata de un fabuloso monstruo de la mitología hindú, que solía ser representado en forma de gran animal marino (por ejemplo, una ballena), con una trompa de elefante.

Existían determinados animales considerados sagrados —como Makara—, a los que se daba la categoría de «Vahanas» («vehículos»), sobre los que éstos cabalgaban o volaban; así, Indra —divinidad del rayo y de las batallas— viajaba a lomos del elefante Airavata.

MANUCODIATA. El científico italiano Gerolamo Cardano (1501-1576), citaba en su obra *Susceptibilidad,* una ave extraña —que se suponía habitaba en las islas Molucas—, llamada por los nativos Manucodiata o «Ave de Dios», muy similar a la golondrina, aunque con plumas doradas en la cabeza. Dado que carece de patas, se las arregla como puede para descansar colgándose por las plumas de las ramas de los árboles.

Vuela a gran velocidad, y el macho presenta la singularidad de poseer una cavidad en el lomo, que le sirve a la hembra para incubar sus huevos.

El famoso médico francés Ambroise Paré (siglo XVI), poco dado a las divagaciones, afirmaba haber visto un ejemplar, que, al parecer, le habría sido regalado al rey Carlos IX de Francia, añadiendo que él mismo había estado en posesión de otro.

MARI. Genio femenino de la mitología y el folklore vascos, y que se repite con bastante frecuencia en los relatos y leyendas propios de pastores y de gente de campo: se la tiene por una especie de bruja o genio de las montañas, que vive en grutas y cavernas y se desplaza volando por los cielos, a veces montada en un carro tirado por grandes carneros.

Este personaje resulta bastante similar a otros muchos pertenecientes a las historias fabulosas de Europa Central, especialmente.

Con la cristianización del país, en los lugares donde se suponía que habitaba, se alzaron ermitas bajo la advocación de Santa Marina, a la que se invocaba para protegerse de maleficios y tempestades.

Véase: Genios.

MEDUSA. En la mitología griega, la única mortal de las tres Gorgonas. Era un monstruo de cabeza poblada de serpientes, en lugar de cabellos, y mirada petrificante, que debía ser evitada a toda costa.

Había sido —según la fábula— una mujer hermosísima a la que Poseidón, metamorfoseado en pájaro, raptó y llevó al templo de la diosa Atenea, que ambos profanaron con su unión (fruto de la cual fueron varios monstruos mitológicos), incurriendo en la indignación de la diosa, que transformó sus cabello en ofidios y confirió a sus ojos el terrible poder de petrificar cuanto miraran.

Finalmente, Perseo (hijo de Zeus y Dánae) consiguió —con la ayudada de Hermes y Atenea— llegar hasta su guarida, valiéndose de la astucia y de la ayuda de las Greas (viejas repulsivas, parientes de las Gorgonas), que disponían de un único diente y de un solo ojo para las tres, y que debían utilizar por turnos. Perseo consiguió hacerse con el ojo, y éstas tuvieron que proporcionarle la información.

Al llega allí, para que la mirada del monstruo no le petrificara, la hizo reflejarse en su escudo, decapitándola acto seguido, liberando después a Andrómeda (hija de Cefeo y Casiopea, a la que aborrecía Poseidón), con la que se casó. De la sangre de Medusa nacieron los famosos caballos Pegaso y Crisaor.

Véase: Gorgonas, Pegaso.

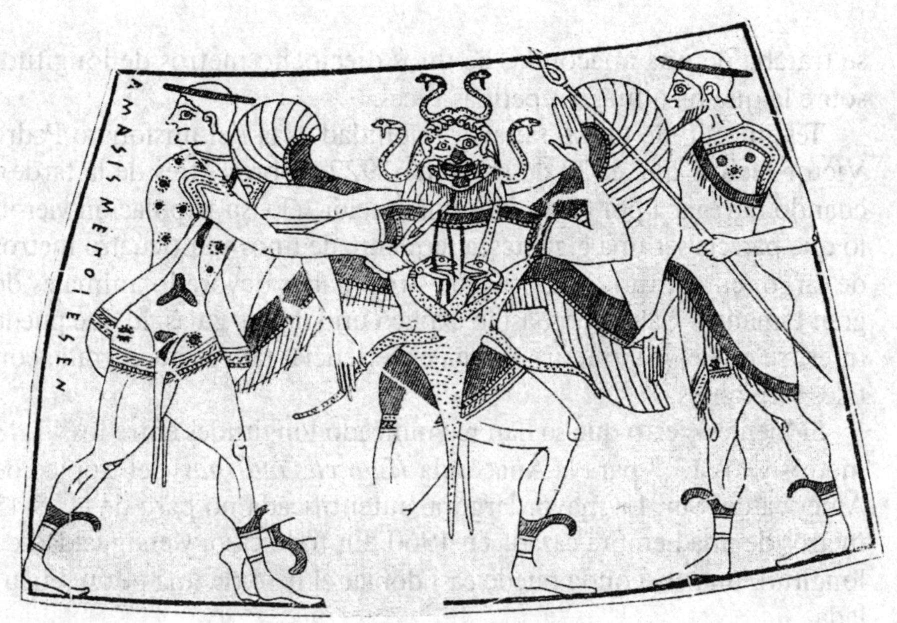

Perseo y la Medusa
(de *Nueva Mitología Ilustrada*, J. Richepin)

MINHOCAO. Nombre que recibe en Brasil una imaginaria gran serpiente, de tal tamaño que cuando se sumerge en el Amazonas, las aguas crecen.

«Algunas de las serpientes más largas conocidas viven en la cuenca del río Amazonas, en Brasil. Por ejemplo —indica Charles Berlitz—, a principios del siglo XX, dos reputados observadores localizaron serpientes monstruosas y transmitieron sus relatos a la civilización. Pero, a veces, por fieles que fuesen los testigos, la gente se niega a creerlos.»

Que los relatos sobre estos grandes reptiles no eran cosa nueva ni conocidos por unos pocos, lo demuestra Jules Verne en su novela *La jangada,* aludiendo a este monstruo, como si de algo cuasi-habitual se tratara.

Berlitz se refiere al coronel Henry Fawcett, que en 1907 exploraba la cuenca el río por encargo de la Real Sociedad Geográfica cuando vio (junto con los nativos que le acompañaban) una enorme anaconda, si se trataba de una anaconda, de unos dieciocho metros de longitud, sobre la que hizo fuego repetidas veces.

Testimonio de tanta o mayor fiabilidad es el del misionero Padre Víctor Heinz, que el 22 de mayo de 1922 (sobre la tres de la tarde), cuando navegaba por el río, tras una crecida, él y su tripulación vieron lo que parecía ser una gigantesca serpiente de unos veinticuatro metros de largo, en actitud de descanso —tras haber devorado animales de gran tamaño—; al menos, así lo explicó uno de sus guías, lo que puede inferirse que el indio tenía alguna experiencia, tal vez poco grata, con tales serpientes.

Si bien es cierto que se han reivindicado longitudes entre los 11,43 metros y los 13,7 para la Anaconda *(Eunectes murinus)* del trópico de América del Sur. La mayor largura, autentificada no pasó de los 8,45 metros de una hembra cazada en 1960. En todo caso, y en igualdad de longitud, una anaconda puede casi doblar el peso de una pitón reticulada.

Véase: Grootsland, Serpientes.

MINOTAURO, El. Las excavaciones en los palacios cretenses sacaron a la luz representaciones de toros y de lo que parecían ser atletas —tal como creía Heinrich Schliemann— realizando toda suerte de saltos peligroso sobre ellos, al tiempo que ejecutaban alguna especie de danza.

Fue preciso el descubrimiento de los frescos de Knossos por Arthur Evans, en los primeros años de siglo XX, para ir aclarando determinados aspectos del problema. «Los minoicos utilizaban toros de gran talla —superiores en un tercio a nuestros toros contemporáneos— para espectáculos públicos, durante las ceremonias religiosas —escribe Ann Terry White—. Había unos "toreros" que entraban semidesnudos en la arena y, con riesgo de sus vidas, atacaban a aquellas bestias feroces. Jóvenes de ambos sexos practicaban este deporte que consistía, al parecer, en ejercicios de volatinero, efectuados sobre el lomo del toro, agarrándose a los cuernos de éste.

»¿Quiénes eran estos jóvenes y estas muchachas? ¿Arriesgaban sus vidas voluntariamente o bien se les obligaba a enfrentarse con las fieras?

»Por su parte, Evans no creía que estos "toreros" fuesen prisioneros o rehenes, pues los consideraban demasiado nobles y distinguidos. Además, sus peinados eran típicamente cretenses…»

La leyenda de Teseo y el Minotauro, alcanzó gran celebridad en la Antigüedad, y los griegos, que la creían firmemente, mencionaban a su héroe con gran respeto.

Teseo y el Minotauro (escultura antigua, Quinta Albani, Roma)

Minos —rey y legislador de Creta—, hijo de Zeus y de Europa, casado con Pasífae y padre de numerosos hijos, entre ellos, Andrógeno, Ariadna y Fedra. Fue un monarca justo, que fomentó la civilización de la isla (de ahí el término arqueológico de «civilización Minoica»). Obtuvo de Poseidón un gran toro, que debía sacrificar al dios, pero no cumplió su promesa, por lo que el dios de los Mares volvió furiosa a la bestia, que se unió con la reina, la cual alumbró al Minotauro, que tenía cabeza de toro y cuerpo de hombre. Ovidio lo describió como «hombre mitad toro y toro mitad hombre». Por su parte, Dante, buen conocedor de los textos antiguos, aunque no muy familiarizado con la iconografía clásica, imaginó al Minotauro con cabeza humana y cuerpo de res. Así aparece en una figurilla de bronce, de estilo arcaico, conservada en el Museo del Louvre.

Para mantener apartado al monstruo, Minos encargó al famoso arquitecto Dédalo que, por cierto había encubierto tan irregulares amores, la construcción del célebre Laberinto, en el que fue recluido. Tras la muerte de Minos, y debido a su sabiduría, se le permitió ocupar en el Hades el puesto de juez de los difuntos.

Lo que comenzó por una absurda rivalidad deportiva, acabó en una guerra entre atenienses y cretense. Vencidos los primeros, fueron obligados a proporcionar cada año siete doncellas y otros tantos mancebos, para ofrecérselos al Minotauro, que los devoraba, hasta que Teseo, hijo del vencido monarca ateniense Egeo, valiéndose, más de la argucia que de la fuerza, contando, además, con la ayuda de Ariadna, hija de Minos, penetró en el Laberinto, consiguió orientarse, y tras porfiada lucha, consiguió acabar con el monstruo.

Evans ha hecho notar que la etimología de la palabra Laberinto, coincidía con la de «Labrys», la típica doble hacha de los minoicos, que aparece grabada en multitud de bloques a través de todo el palacio, lo que no podía por menos de significar que se trataba de un símbolo divino. Por otra parte, aquel conjunto de edificaciones, aunque ya en ruinas, por su magnitud y donde no debía ser difícil extraviarse, debió sugerir a los griegos continentales, que ocuparon Creta, la idea de un laberinto… «La idea de una casa hecha para que la gente se pierda es tal vez más rara que la de un hombre con cabeza de toro, pero las dos ayudan y la imagen del Laberinto, —comenta Jorge Luis Borges—, conviene a la imagen del Minotauro. Queda bien que en el centro de una casa monstruosa haya un habitante monstruoso.»

Aunque se ignora el significado religioso de estas leyendas, puede buscarse en el culto del toro —que no era exclusivo de los minoicos— y de la ya mencionada «Labrys», típico de las religiones prehelénicas, que celebrarían Tauromaquias sagradas. Formas humanas con cabeza de toro (recordemos ciertas máscaras rituales de civilizaciones primitivas actuales), a juzgar por las pinturas murales, debieron formar parte de la demoniología cretense. «Probablemente —concluye Borges—, la fábula griega del Minotauro es una tardía y torpe versión de mitos antiquísimos, la sombra de otros sueños aún más horribles.»

Recientes trabajos arqueológicos parecen querer demostrar —basándose en osamentas halladas en las ruinas de Knossos— que el Minotauro sería el resultado de cruces entre uros (bóvidos de gran tamaño y elevada estatura, extinguidos en el siglo XVII) y especies autóctonas, en un intento, tal vez conseguido, de mejorar éstas. Por lo demás, el uro —animal bravo— se prestaría mejor a los rituales relacionados con el culto al toro.

Véase: Fomoré, Talo.

MOBY DICK.

> …Las grandes compuertas del país de las maravillas se abrieron de par en par y entró, flotando, en lo más recóndito de mi alma, procesión interminable de ballenas en cuyo centro, cual montaña de nieve en el aire, alzábase la grandiosa figura de un fantasma encaperuzado…
>
> *Moby Dick,* Herman Melville

La biografía de este novelista neoyorquino (1819-1891) fue agitada y llena de aventuras, algunas, bastante peligrosas. Su obra más conocida es *Moby Dick o La Ballena Blanca,* escrita en 1851 y no publicada hasta cinco años después.

Se trata de una narración que llega a adquirir caracteres épicos de la lucha a muerte entre el rencoroso capitán Ahab, al que la gran ballena había arrancado una pierna… «llegó a identificar con ella no sólo todos los dolores corporales, sino todas sus exasperaciones intelectuales y espirituales —escribe el autor—. Todo lo que más enloquece y atormenta, toda verdad que tiene su fondo de malignidad, todo lo que agrieta y empasta el cerebro, todo mal estaba visiblemente encarnado y era atacable en la mole de *Moby Dick.* Amontonada sobre la blanca joroba de la ballena el total de la rabia y el odio experimentados por toda la raza de Adán para abajo…»

Finalmente, será el monstruo quien triunfará sobre Ahab, hundiéndose con él en los abismos oceánicos… ¿Representaba el triunfo del Mal…? …Tal vez…

El libro tuvo escaso éxito en vida del autor, aunque en los primeros años del siglo XX se convirtió en una de las obras más populares de la literatura estadounidense, siendo adaptada al Séptimo Arte en varias ocasiones.

> A continuación, aves pequeñas volaron, gritando, sobre el abismo aún abierto; un oleaje de sombría blancura rompió contra sus pendientes laderas; luego se hundió todo, y el enorme sudario del mar siguió fluyendo como había fluido cinco mil años antes.
>
> *Moby Dick,* Herman Melville

Véase: Leviatán.

MOIRAS, Las. Eran tres hermanas, hijas de Zeus y de Temis, que gobernaban las vidas de los mortales.

Existen algunas discrepancias en torno a sus nombres, los más extendido son: *Artropos,* encargada de cortar el hilo de la vida. Presidía los nacimiento y simbolizaba el destino. Se la representaba como una matrona de avanzada edad, cuyos atributos eran un ovillo de lana y unas tijeras. *Cloto,* cuyo nombre puede traducirse por «Hilandera», simboliza el fatalismo en los acontecimientos humanos, lo ineluctable. Su emblema era la rueca, con la que hilaba el destino de los hombres. *Láquesis,* que presidía el último mes del embarazo y medía la longitud del hilo de la vida.

Véase: Nornas, Parcas.

MONSTRUO LEONINO. No era infrecuente que autores de la Antigüedad y del Renacimiento colocasen seres absolutamente míticos junto a otros reales, sin establecer distinciones entre ellos. Así, Guillaume Rondelet, precursor de la ictiología, autor, entre otras obras de *Libri di piscibus marinis in quibus verae Piscium effigies expresae sunt* y de *Universae aquaticum Historiae pars altera cum vivis ipsorum Imaginibus* (publicado entre 1554-1555), menciona el «fabuloso antias» (el mero), criatura muy real, al que mezcla con otras fantásticas como el Monstruo Leonino: «Este monstruo aquí representado es un animal perfecto, aunque no tenga ninguna parte propia para nadar, lo cual me ha hecho dudar a menudo —escribe persuadido— de si era un monstruo marino. Pero en Roma me aseguraron que fue capturado en el mar poco antes de la muerte del Papa Paulo III (1549), y como me lo dijeron con toda seguridad, así lo hice representar.

»Tenía la figura y la talla de un león, con cuatro patas no imperfectas, divididas en dedos provistos de uñas, la cola adornada con pelos en sus extremos, las orejas grandes y el cuerpo cubierto de escamas. No vivió mucho tiempo fuera de su ambiente natural…».

Tal como recoge Antonio Ribera en su artículo «Monstruos marinos medievales y renacentista», el famoso médico y padre de la moderna cirugía, Ambroise Paré, en su libro *De monstres et de prodiges* (1575), menciona la captura en el Mar Tirreno de un extraño ser en forma de león, cubierto de escamas y voz parecida a la humana. Este mismo autor juntamente con Gesner y Belon, se hace eco de la existencia de cierto monstruo marino del Atlántico, cuyo cuerpo era muy similar al de los peces, pero con cabeza, crines y parte posterior de caballo.

Véase: Caballo de Agua.

MORAG. Como hemos señalado al hablar del Caballo de Agua o Kelpie, la mayoría de los miembros de los clanes escoceses vivían en las proximidades de los ríos y lagos de sus valles. Gentes supersticiosas que eran, daban crédito a todas las fábulas relacionadas con hadas, espíritus y demonios que moraban en montañas, bosques, cursos de agua y lagos… Algunos de estos seres eran apacibles, otros no…

Uno de estos lagos, el Morar (cerca de la costa oeste de las Tierras Altas), al parecer, el más profundo del país, desde tiempos inmemorables tiene una tradición misteriosa, que le vincula con el Monstruo Morag, posiblemente emparentado con la bestia o bestias que —se supone— habitan el Loch Ness.

Aun cuando las leyendas daten de muy antiguo, los avistamientos no parecen haberse producido antes de 1887. Existen de él varias descripciones, confusas y contradictorias, que no parecen aclarar gran cosa: «del tamaño de un elefante indostánico»; «de unos nueve metros de longitud y con cuatro jorobas», o bien «de uno seis metros, con cabeza parecida a una serpiente y cuatro patas».

No obstante, la que podría ser más exacta provine de dos pescadores que, en la tarde del martes 19 de agosto de 1969, vieron al supuesto monstruo marino dirigirse en línea recta hacia su bote, hasta casi rozarlo. Ambos amigos, Duncan McDonell y Will Simpson, temieron ser atacados por el extraño ser, llegando a hacer uso de una escopeta de caza que llevaban con ellos. Finalmente, Morag, o lo que fuera, se hundió y los dejó en paz. Según su testimonio, se trataría de un gran animal de unos ocho o diez metros de longitud, de piel gruesa y áspera, de color marrón. Su cabeza, de unos 30 cm de anchura, se parecía a la de una serpiente y creyeron haber advertido al menos tres jorobas en su lomo que sobresalían unos 20 cm del agua.

Una vieja canción escocesa dice: «Morag; mensajero de la muerte,/ nadador gigantesco de Morar,/ verde y profundo lago sin fondo…/ allí vive Morag, el monstruo…».

Véase: Caballo de Agua, Dragones, Nessie, Serpiente de Mar, Toro de Agua.

MYNDIE o MINDI. Monstruo afín al Bunyip, pero con aspecto de una gigantesca serpiente, capaz de alargar —según los aborígenes australianos— su cuerpo para devorar a los que violaban las leyes tribales o cruzaran indebidamente las fronteras totémicas (zonas tribales relacionadas con determinados dioses).

No sólo los nativos, sino también los primeros colonos creían en su existencia; incluso, algunos afirmaban haberlo visto.

Véase: Bunyip.

N

NÁYADES. Eran ninfas protectoras de los ríos, arroyos y fuentes. Homero las consideraba hijas de Zeus. Se las representaba como hermosas doncellas. Según algunos, los Sátiros serían hijos de las Náyades.

Véase: Anjanas, Danaides, Dones d'Aigua, Nereidas, Ninfas, Sátiros, Sirenas, Xanas.

NEREIDAS. Según la mitología griega, las Nereidas —benéficas acompañantes de Tetis, diosa del mar—, eran hijas de Nereo (dios marino, hijo del Océano y de la Tierra) y de la Ninfa Doris. Aunque pudiera darse alguna confusión cabría distinguirlas de las Náyades (Ninfas de las aguas dulces) y de las Oceánidas (Ninfas del Océano). En número de cincuenta —según Hesíodo— protegían a los marino en sus más peligrosas travesías; así lo hicieron con los Argonautas.

Personificaban el mar en calma. Las más famosas fueron Teide, Anfitrite o Galatea. Se las representaba con medio cuerpo de mujer y el resto de pez, y, en ocasiones montando delfines o caballitos de mar. Según las leyendas, que han perdurado hasta la actualidad (literatura, iconografía y cine), vivían en palacios submarinos construidos con cristales y coral. En algunas partes de Grecia, como Laconia y Tesalia, eran especialmente veneradas.

Véase: Anjanas, Danaides, Dones d'Aigua, Náyades, Ninfas, Oceánidas, Sirenas, Xanas.

NESSIE.

El monstruo del Lago Negro. Aunque su existencia no ha dejado todavía de ser una leyenda, los científicos lo han bautizado ya: *Nessiteras rhombopteryx.*

Cada tanto —cuando alguna circunstancia pone de actualidad el famoso espejo de agua escocesa— se vuelve a hablar del monstruo de Loch Ness (Lago Negro).

El monstruo en cuestión, pese a su carácter mítico, ha ganado el mayor reconocimiento que la comunidad científica podía dar a una cosa que no existe con el importante nuevo nombre de *Nessiteras rhombopteryx,* aunque se descuente que todo el mundo seguirá hablando, simplemente de Nessie.

La leyenda de Nessie data del año 565 d. C., y su última notoriedad resulta de una foto tomada en el fondo del lago que provocó una gran controversia, porque inclusive se llegó a afirmar que Nessie tenía de 13 a 18 metros de largo y un cuello de 3 a 5 metros, mientras no faltaron quienes afirmaron que las fotos parecían ser las de un barco vikingo hundido.

Journal of Experimental Zoology,
recogido por *Enciclopedia Alfatemática*

Durante siglos el Loch Ness —en Tierras Altas de Escocia— fue un lugar remoto y casi solitario. Se trata del mayor de la cadena formada por tres lagos situados sobre la larga línea de la «falla» o fractura de la superficie de la tierra, que corta a las Highlands de este a oeste y de norte a sur.

Contiene mayor volumen de agua que cualquier otro «loch», aun cuando, por poco, no sea el más profundo (con un promedio de 144 metros, en algunos lugares pasa de 275), con una temperatura media más bien baja y unas aguas tan opacas que impiden ver lo que ocurre a escasa distancia de la superficie.

Extendernos acerca de la supuesta existencia de Nessie, sobre la que no queremos ni podemos pronunciarnos, por su amplitud, escapa a nuestras intenciones (nos tomamos la libertad de remitir a nuestra obra *Hechos Inexplicables,* por lo que nos limitaremos a un breve resumen.

Desde los tiempos más remotos, se ha venido especulando con la existencia de uno o varios monstruos, que habitarían en sus profundi-

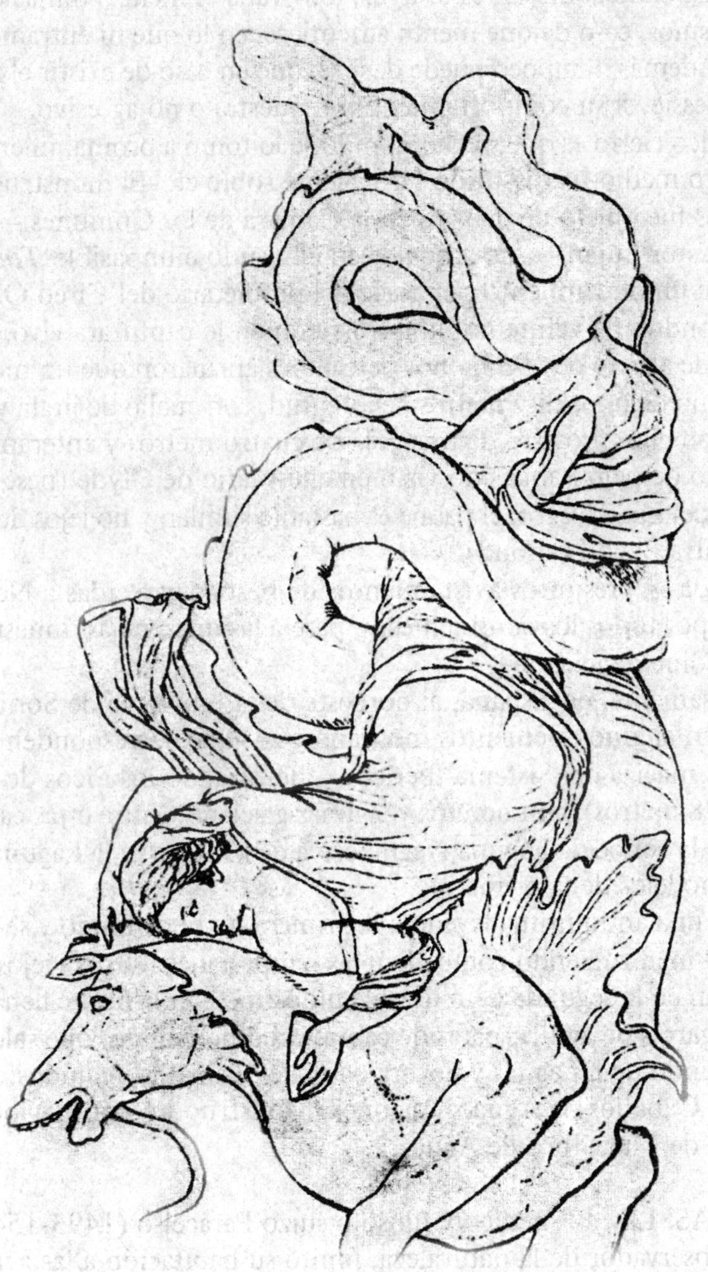

Nereida y caballo de mar (de *Heroen und Goetterbilder*, Conze.)

dades, existiendo abundantes testigos, fotografías e incluso filmaciones de los mismos, caso de que fueran auténticas, en lo que ni entramos si salimos. Además, tampoco puede decirse, que en caso de existir el misterioso Nessie, si su comportamiento se muestra o no agresivo.

Lo único cierto es que medio mundo se lo tomó a broma, mientras que el otro medio ha discutido ferozmente sobre él. «El monstruo de Loch Ness fue objeto de debates en la Cámara de los Comunes —comenta Néstor Luján—, de artículos en el sesudo e impasible *Times* e incluso de un ofrecimiento por parte del propietario del Circo Olimpia, de Londres de veinte mil libras para quien lo capturara vivo.»

El 27 de agosto de 1953, unos pescadores afirmaron que un monstruo marino de unos diez metros de longitud, con cuello de jirafa y cabeza de camello, provisto de una cola de cuatro metros y enteramente cubierto de pelo había sido visto en el estuario de Clyde (pese a la distancia del Lago Negro, el pasaje es bastante similar, y no lejos de allí se encuentra Loch Lomond).

Leyendas y presuntos avistamientos de bestias parecidas a Nessie abundan por todos los continentes, y, pese a las diferencias, muestran curiosas coincidencias.

Curiosamente, en España, al noroeste de la provincia de Soria, se encuentran algunos elementos montañosos —que corresponden a la parte más maciza del Sistema Ibérico—, destacando los Picos de Urbión (2228 metros), con neveros y lagunas glaciares. Entre éstas caben destacarse la conocida Laguna Negra (cerca de Vinuesa) y la Laguna de Urbión (no lejos de la primera).

Según una antiquísima leyenda, la primera no tiene fondo y se uniría con el mar, rugiendo como él en las tempestades. Otros viejos relatos sitúan en la segunda a un terrible monstruo con la frente llena de cuernos, garras de águila, patas de cabra y cuerpo peludo, que sale de vez en cuando de las aguas y devora animales, caballos incluidos.

Véase: Caballos de Agua, Dragones, Monstruo Leonino, Morag, Serpiente de Mar, Toro de Agua.

NINFAS, Las. El médico y filósofo suizo Paracelso (1493-1541), notorio observador de la naturaleza, limitó su habitación a las aguas, aunque en la Antigüedad estaba clasificadas en Ninfas de las Aguas y de la Tierra. En la mitología griega, Brito, una de éstas, personificaba la fuerzas vegetativas, en general.

Sus atribuciones abarcaban a fuentes, ríos, lagos, mares, plantas y montes. Su número preciso no ha podido establecerse, al no coincidir los diversos autores. Para Hesíodo, serían alrededor de tres mil. Se las representaba como graves, pero hermosísimas jóvenes. Por extensión se denominan así, a cualquier muchacha bella y graciosa. Se dice que verlas desnudas podía provocar la locura e incluso la muerte.

Los antiguos les ofrendaban leche, miel y aceite, y dado que se trataba de deidades menores, carecían de templos para su culto.

Véase: Amaltea, Anjanas, Anquinoe, Danaides, Dríadas, Egeria, Náyades, Nereidas, Oceánidas, Xanas.

NORNAS, Las. De acuerdo con la mitología escandinava, compilada —a mediado del siglo XIII— por Snorri Sturluson, se trataba de tres jóvenes diosas del Destino: *Skuld, Gudr* y *Rota* (Pasado, Presente y Futuro). La primera de éstas presidía las batallas, decidía su resultado y escogía a los que habrían de morir en ellas. Las otras hilaban y tejían la tela de la vida.

La cohesión de este universo formado por la morada de los dioses y la de los humanos, la tierra de lo muertos y la vivienda de los Gigantes, estaba regida por el Árbol del Mundo, el gran fresno Ygdrasil, cuyas ramas ascendían hasta los cielos y cubrían el mundo entero. Tres guardianas, las Normas, debían protegerlo de los incesantes ataques de un Dragón furioso y del voraz apetito de cuatro ciervos que pretendían devorar sus hojas.

Según una variante del mito, bajo las raíces de árbol Ygdrasil se halla la santa fuente Urdar, en la que residen tres doncellas: *Ural, Verdante* y *Skuld,* que simbolizarían el Presente, Pasado y Futuro. Allí debían regular la duración de la vida de los hombres y cuidar la citada fuente.

«Además, hay otras Nornas, algunas de origen celeste, pero otras pertenecen a la raza de los Alfios y de los enanos —afirma Niedner—. Las normas que son de buen origen son buenas en sí mismas y dispensan buenos destinos. Los hombres que padecen infortunios deben atribuirlos a las Nornas malas. Ésta es la causa de que unos hombres sean afortunados y ricos, mientras que otros no consiguen ni riquezas ni honores. Unos viven hasta una edad avanzada, otros son segados en la flor de la vida.»

Las Nornas que habitan en la fuente Urdar sacan diariamente un poco de su agua y, mezclándola con el barro que hay alrededor, riegan el gran fresno, para que sus ramas sigan reverdeciendo y nunca mueran. Las especiales características de este agua las describiría así una antigua Edda (composición poética): «Conozco un fresno/ llamado Ygdrasil,/ un árbol magníficamente regado/ con el agua más pura;/ de allí provienen las gotas de rocío/ que caen en los valles;/ siempre en flor se eleva/ encima de la fuente Urdar…»

En *Macbeth,* la tragedia de Shakespeare, pueden identificarse con las tres hechiceras que aparecen en la primera escena del primer acto y que anuncian al ambicioso personaje su destino. El autor «las llama las "weird sisters", las "hermanas fatales" —escribe Borges—, las Parcas. Wyrd, entre los anglosajones, era la divinidad silenciosa que presidía sobre los inmortales y los mortales».

Véase: Moiras, Parcas, Valkirias.

O

OANNES. «El cuerpo entero del animal era como el de un pez y debajo de una cabeza de pez tenía otra cabeza y también pies, parecidos a los de un hombre (¿aletas, tal vez...?), unidos a la cola de pez. También su voz y su lenguaje eran articulados y humanos; y una imagen suya se ha conservado hasta hoy...», nos dice Apolodoro de Atenas (siglo II a. C.) en una obra sobre temas mitológicos, que sin —mucho fundamento— se le viene atribuyendo, al referirse a un misterioso ser «divino» y de carácter anfibio, que apareció sorpresivamente hace milenios en la aguas del Golfo Pérsico, y del que se dice entabló contactos con los naturales de aquellas tierras, les impartió útiles enseñanzas que contribuyeron en mucho al nacimiento y desarrollo de sus civilizaciones. De cual-

Representación babilónica de una ceremonia religiosa. Entre los oficiantes vemos un sacerdote disfrazado de «hombre-pez» (archivo del autor)

quier manera, en casi todas las partes del globo no faltan leyendas sobre extraños visitantes, que cumplían con su papel de civilizadores.

Beroso fue un sacerdote babilónico que vivió en tiempos de Alejandro Magno, autor de una *Historia de Babilonia* en griego, de la que en la actualidad sólo se conservan fragmentos y cuya importancia radica en el hecho de que su autor se documentó consultando antiquísimos textos cuneiformes, entonces al alcance de muy exigua minoría.

En su obra, Beroso afirmaba que las gentes «vivían sin orden ni gobierno, como las bestias de los campos» y que su brillante civilización se debía a la intervención de ciertos seres anfibios extranjeros, de los cuales el más importante se llamaba Oannes. Posteriormente Alejandro Poly-histor, personaje erudito, recogió estas leyendas, aportando algunos nuevos datos.

Siglos después, el Patriarca bizantino Focio (820-895), famoso por haber provocado controversias dogmáticas y disputas político-eclesiásticas, en su obra *Myriobiblon* recopilaba obras antiguas. Al referirse a un extraño ser civilizador, llamado Oe, afirmaba: «Algunas crónicas dicen que salió de un huevo grande, de ahí su nombre, y que en realidad era un hombre, pero sólo parecía un pez debido a que iba vestido con la piel de una criatura marina».

También los filisteos —como hemos visto— tenían un Oannes, al que daban el nombre de Dagón y que constituía su principal divinidad.

Véase: Dagón, Hombre-Pez, Orejona, Serpiente Emplumada, Wondjinas.

OBISPO DE MAR o FRAILE DE MAR. Konrad von Gesner, erudito y naturalista del siglo XVI, menciona en su extensa obra cierto monstruo marino capturado en Amberes, de feroz expresión, con dos cuerpos y largas orejas, brazos humanos y cuerpo de pez.

En numerosos relatos de marinos que viajaban por mares tan lejanos entre sí, como los que rodean los países nórdicos o las costas de Oriente, se habla de cierto espantoso ser, al que se ha denominado Obispo de Mar o Fraile de Mar (Bonzo Marino en el extremo Oriente, donde —según se decía— atacaba a las embarcaciones y provocaba tempestades). Presenta una especie de cogulla, tiene rapada la cabeza, posee brazos en lugar de aletas y su rostro parece humano.

Obispo de Mar y Fraile de Mar (dibujo del autor)

Guillaume Rondelet en su *Libri di piscibus marinis in quibus verae piscium, effigies expresae sunt* (Lyon, 1554), lo describe: «Vi el retrato de otro monstruo marino en Roma, adonde lo enviaron con credenciales en las que se afirmaba que, en el año 1531, se vio este monstruo vestido de obispo, tal como está aquí representado (añadía un dibujo); fue hallado en Polonia y llevado al rey de dicho país, ante el cual hizo ciertas señales para indicar que tenía grandes deseos de volver a la mar. Conducido a ella, arrojóse al punto a las olas».

Un testimonio similar aparece en los escritos de Gesner, en donde se dice que «estaba vestido de escamas» y que «llevaba mitra y ornamentos pontificiales».

Acerca del Fraile de Mar, Rondelet escribía:

> En nuestros tiempos se capturó en Noruega un Fraile de Mar, después de una gran tormenta, al cual, todos los que le vieron le dieron

al punto el nombre de Fraile, pues tenía la cara de hombre, aunque rústica y disforme, la cabeza rasurada y lisa, sobre los hombres como un capuchón de monje y dos largas aletas en vez de brazos; el extremo del cuerpo acababa en una larga cola. El retrato que sirvió para hacer el presente me fue dado por la ilustrísima dama Margarita de Valois, reina de Navarra, quien lo tenía de un gentilhombre que llevaba uno semejante para el emperador Carlos V, que estaba entonces en España. «El gentilhombre decía haber visto este monstruo, tal y como lo representaba su retrato en Noruega, arrojado por las olas y la tempestad de la mar en la playa de un lugar llamado Dieze, cercano a una villa llamada Denelotoch. Vi otro retrato del mismo en Roma, que no defería en nada del mío.»

Del examen de estos y otros textos (existe abundante bibliografía) se infiere que a estos testimonios, que, por lo demás, no debían ser infrecuentes, se les concedía —de buena fe— bastante crédito. Durante la siguiente centuria, el vulgo y bastantes sabios seguían creyendo a pies juntillas en la existencia de tales seres. El jesuíta Gaspar Schot, que no era naturalista, sino físico, publicó en 1657 una lámina con monstruos marinos en la que aparecían algunos dibujos de Rondelet.

Todavía en 1718, el médico holandés Ruysch publicaba *Historia Natural de los Peces Antropomorfos*, y en 1735, estudiosos como De Maillet aún creían en su existencia. Tales convicciones perdudaron hasta bien entrado el siglo XIX.

Véase: Glauco, Hombre Pez, Peje Nicolao, Tritones.

OCEÁNIDAS. Según la mitología griega, se trataba de Ninfas marinas, hijas de Océano y de Tetis. Las más conocidos eran Estigia, Calirroe y Aretusa.

Véase: Ninfas.

OCTUPLE SERPIENTE DE KOSHI, La. «La Octuple Serpiente de Koshi atrozmente figura en los mitos cosmogónicos del Japón —dice Jorge Luis Borges en su *Libro de los Seres Imaginarios*—. Ocho cabezas y ocho colas tenía; sus ojos eran del color oscuro de las cerezas; pinos y musgos le crecían en el lomo, y abetos en las frentes. Al reptar, abarcaba ocho valles y ocho colinas; su vientre siempre estaba manchado de sangre…»

Para apaciguar a tan espantoso monstruo fue preciso que cierto rey le entregase cada año a una de sus ocho hijas. Ya había dado buena cuenta de las siete primeras y se disponía a devorar a la octava, la más joven y bella, cuando apareció una especie de héroe o de esforzado paladín, que consiguió embriagar a la Octuple Serpiente con vino de arroz. Aprovechando que estaba profundamente dormida, le cortó las ocho descomunales cabezas, brotando de las heridas un auténtico río de sangre… «Estas cosas ocurrieron en la montaña que antes se llamó de la Serpiente y ahora de las Ocho Nubes; el ocho, en el Japón, es cifra sagrada y significa "muchos". El papel-moneda del Japón aún conmemora la muerte de la Serpiente», concluye el relato de Borges.

Y al igual que en hechos similares —tal fue el caso de Perseo y Andrómeda— la hazaña concluyó en boda.

Véase: Dragones, Hidra, Serpientes.

OGRO. Gigante de las leyendas antiguas que se alimentaba de carne humana. Se le menciona especialmente en la mitología nórdica. Protagonista de multitud de cuentos y relatos, no solía destacar por sus dotes intelectuales. Por extensión se viene dando este nombre a cualquier persona fea, cruel y de mal carácter.

Véase: Cíclopes, Gigantes, Ojancanu, Tartalo.

OJANCANU. Ser fabuloso que forma parte de la mitología y folklore cántabros; se trata de una especie de Cíclope, muy semejante a otros desagradables personajes comunes en las leyendas típicas del norte de la Península Ibérica, como el Tartalo.

Por su faz, su único ojo y su aspecto bestial, causaba pánico. Habitaba en las cavernas, y era tan vegetativo como cruel. Su mujer, la Ojancana, era sanguinaria y le superaba en crueldad (como solía suceder en algunas narraciones sobre los Ogros) y en fealdad. Tenía los pechos tan largos que podía echárselos a la espalda. Ni que decir tiene que estos seres eran temidos y evitados por todos.

Véase: Cíclopes, Gigantes, Ogros, Tartalo.

OREJONA. «En la región andina del Lago Titicaca, entre Bolivia

Ojancana y Ojancanu
(cortesía de la Casa de Cantabria, Madrid)

y Perú, sigue viva la leyenda de Orejona —escribe Tomás Doreste—, madre del género humano, que se hizo fecundar por un tapir, mamífero perisodáctilo semejante al cerdo.»

Las tradiciones andinas refieren que hace muchos miles de años, descendió un vehículo volador (o lo que fuera) «más brillante que el sol» en las inmediaciones del Lago, y de éste salió cierta mujer que decía venir de la «Gran Estrella Esplendorosa» (¿se refiere al planeta Venus…?) —al menos así lo narraba el Inca Garcilaso de la Vega (1560)— y que se hacía llamar Orejona. Tenía los pies como los de cualquier humano, pero las manos palmípedas con sólo cuatro dedos, y la cabeza ovoidal, casi puntiaguda, con enormes orejas. «Orejona debía cumplir —según Faber Kaiser, en su obra *¿Sacerdotes o cosmonautas?*— la misión de convertirse en "madre de la Tierra", tuvo setenta hijos "terrestres" y volvió a partir hacia las estrellas.» Sus descendientes, los «orejones» (que se hacían dilatar los lóbulos mediante pesados pendientes, sin duda, para parecerse a su ilustre antepasada) constituían la aristocracia incaica y eran considerados, además, como los iniciadores en los misterios del culto.

En 1536, los incas defendieron valerosamente la ciudad de Sacsahuamán (próxima a Cuzco) contra los españoles de Pizarro y sus aliados indígenas. La lucha fue durísima y ambas partes derrocharon gran valor. Los propios cronistas españoles no escatimaron elogios a los jefes guerreros de los defensores de la fortaleza: «Andaba, pues, este orejón como un león de una parte a otra de la torre en lo alto, estorbando a los españoles que querían subir con escalas, y matando a los indios que se rendían…»

Curiosamente, no faltaron representaciones de dioses en la Antigüedad dotados de grandes orejas, de las que la arqueología conserva abundantes muestras. En algunos lugares, los nativos —especialmente las mujeres— aún llevan pendientes, como los que originalmente tenían la misión de agrandar los lóbulos, al igual que aquellos dioses primitivos, aun cuando hoy sólo sean motivo de adorno.

La figura de Orejona está, sin duda, relacionada con la de misteriosos seres que surgieron sorpresivamente en distintos lugares del mundo, contribuyendo, de una u otra manera, a suavizar las bárbaras costumbres de los naturales del país y a proporcionarles valiosos conocimientos, que les llevarían por los caminos de la civilización y la cultura.

Véase: Dagón, Oannes, Serpiente Emplumada, Wondjinas.

P

PÁJARO DE TRUENO, El. Los indios de Norteamérica tienen profundamente arraigada la convicción de la existencia de unos pájaros de descomunales dimensiones, a los que denominan Pájaros de Trueno o Thunderbirds, que forman parte de sus tradiciones, y que, incluso, algunos ancianos afirman haber visto en ocasiones.

A estos gigantescos seres voladores, que también llaman Pájaros de Fuego, los representan sucesivamente como un águila, un halcón, un cóndor o un reptil alado (ocasionalmente, y según los lugares, asociado a las ballenas). «Es el ave que remata los "totems" norteamericanos —escribe Peter Kolosimo—, la Serpiente Emplumada azteca, el cóndor sagrado de muchos pueblos amerindios, Abmuseumkab, monstruo alado de la India, el dragón volador de China, el "halcón de Zim- babwe", el Ave Fénix que cada quinientos años se aparecía en He-liópolis, Egipto, renacida de sus propias cenizas tras haber sido quemada por el Sol de un nido que ella misma se preparaba.»

En los monumentos de este artista de Zimbabwe (la antigua Rhodesia) aparecen —ya lo hemos visto— representaciones de animales, entre ellas, de una extraña ave, muy parecida al conocido Pájaro de Trueno de los aborígenes de América del Norte, tan visto en postes y totems.

Véase: Piasa, Roc (Ave), Yetso.

PARCAS, Las. Se trata de unas figuras de la mitología romana, similares a las Moiras griegas o las Nornas nórdicas. Por figura poética, alusión a la muerte.

Se llamaban *Nona, Decuma* y *Morta,* y representaban la habitual figura de ancianas. La primera hilaba, la segunda devanaba y la tercera —de ahí su nombre— cortaba el hilo de la vida humana.

Véase: Moiras, Nornas.

PEGASO. De acuerdo con la mitología helénica, Pegaso fue un caballo alado, nacido de la sangre de Medusa, al ser decapitada por Perseo. Atenea lo donó y dio al héroe Belerofonte para que pudiera destruir a la Quimera, que asolaba la región de Lidia.

De una coz dada por el animal en la tierra surgió el manantial Hipocrene, que confería el don del canto a todo aquel que bebiese de sus aguas. De la relación de Pegaso con esta fuente y con las Musas procede el uso moderno del caballo alado como símbolo de la poesía.

Sin embargo, una vez derrotada y muerta la Quimera, Belerofonte se ensorberbeció hasta el extremo de pretender —para mostrar su poder— llegar a los cielos a lomos de Pegaso. Irritado Zeus, envió contra él un tábano, quien picó al caballo alado, y que a causa de las molestias derribó al héroe, cayendo éste al vacío. Después de este incidente, Pegaso, quedó al servicio de la máxima deidad del Olimpo.

Véase: Medusa, Quimera, Sleipnir.

Belerofonte y Pegaso (de *Nueva Mitología Ilustrada*, J. Richepin)

PEJE NICOLAO, El. En este caso, se trataría de un típico ejemplo de la realidad —o posible realidad—, mezclada con alguna leyenda de origen clásico y deformada por la fantasía y la transmisión oral a través del tiempo. Las hazañas más o menos notables de un determinado individuo acaban siendo deformadas, al tratar de darles mayor importancia. Por ejemplo, cuando se hablaba del héroe de la Frontera, Davy Crockett, sus admiradores afirmaban que con un rifle de un solo cañón, en su infancia, había abatido una bandada de patos, cazado una cabra salvaje y descabezado a una serpiente de regular tamaño, todo ello sin tomarse la molestia de recargarlo; además, el lógico retroceso del arma le arrojó a un río, del que salió con unos cuantos peces en los bolsillos, tal vez por aquello de que «no hay mal que por bien no venga»...

A fines del siglo XII, Walter Mapes, un inglés que había pasado algunos años en Italia, describía a Nicolás Pesce, un conocido bucea-dor, «tan acostumbrado por su estancia casi continua entre las olas a conocer los secretos del mar —en palabras de Antonio Ribera—, que podía predecir las tempestades. Llevado a la corte del rey Guillermo de Sicilia, languideció hasta morir al hallarse separado de lo que se había convertido para él en su elemento natural» (lo que viene a coincidir bastante con los testimonios aportados en el siglo XVI por Guillaume Rondelet, acerca del Monstruo Leonino y del Obispo de Mar).

Sobre un hecho muy parecido al expuesto, se hacen eco el poeta provenzal Raimundo Jordán y el inglés Gervasio de Tilbury (siglo XIII), que añaden algunos detalles, relativamente creíbles. Sin embargo, con el paso del tiempo, los autores fueron exagerando y deformando las hazañas del buceador, hasta hacer de él un ser mitológico, totalmente desfigurado por la vida marítima: «Nicolás recibió el nombre de Pez —afirma Joviano Pontano, en el siglo XV—, porque no sólo había abandonado las costumbres de los hombres, sino también su rostro; era lívido, escamoso, horrible» (observación que presenta similitud con el caso de Francisco de la Vega, citado por el Padre Feijoo).

«Es indudable —comenta Ribera— que en las costas italianas o sicilianas existió, a principios de la Edad Media, un buceador que se hizo famoso por su resistencia bajo el agua; con el transcurso de los siglos, este personaje se hizo legendario.»

En el capítulo XVIII de la Segunda Parte del *Quijote,* leemos: «digo

Desde la más remota antigüedad, siempre hubo hábiles nadadores cuyas hazañas se convirtieron en leyenda
(grabado de *Historia de los países septentrionales*, Olaüs Magnus, 1597)

que ha de saber nadar como dicen que nadaba el "peje Nicolás" o "Nicolao"...»; y en el mismo siglo XVII, los jesuitas G. Fournier y A. Kircher, también aludieron a sus hazañas y el Padre Feijoo, en pleno «Siglo de las Luces», lo hace también, aunque incurriendo en el error de relacionar a este personaje con cierto famoso buceador que vivió en Nápoles, en tiempos del rey Federico (1496-1501).

Véase: Dagón, Glauco, Hombre-Pez, Oannes, Tritones.

PEZ-MUJER. «Todas las viejas leyendas del Pez-Mujer, que amanece varado en la desierta playa y que no tarda en desaparecer irrevocablemente, debieron tener su origen en estos mamíferos acuáticos [referencia a manatíes y dugongos] —comenta Antonio Ribera—, cuyas cabezas resultaban antropomórficas por el simple hecho de no ser de pez.»

Tales fábulas se repiten con pequeñísimas variantes desde los tiempos de Plinio el Viejo, cuando un informe monstruo es arrojado a la arenosa playa de Cádiz, hasta el Hombre-Pez de Liérganes, que dejó pasmados a los coetáneos del benedictino Feijoo. Un siglo antes, en 1672, Alonso de Sandoval habla del «pexe-muller», afirmando que, «desde el vientre hasta el cuello» presenta asombroso parecido con un cuerpo femenino.

Véase: Hombre-Pez, Mae de Aigua, Obispo de Mar, Sirenas, Tritones.

PIASA. Se trata de un ave legendaria, de grandes proporciones, que según los indios de Illinois (pertenecientes a la etnia del mismo nombre y al grupo lingüístico «algonquino») atacaba y devoraba a los mismos hombres.

Curiosamente, en EE. UU. y Canadá, se producen —al parecer— apariciones de grandes aves. Algunos creen que se trataría de «teratórnidos», especie de gigantescos buitres depredadores, a los que se suponía extinguidos desde el Pleistoceno (principios de la Era Cuaternaria). No obstante, animales considerados extinguidos han sido vistos —con la consiguiente sorpresa de los estudioso— repetidas veces.

> *Un pájaro que resucita.* Un pájaro perteneciente a una especie que se consideraba extinguida desde hace un siglo, fue descubierto en el Perú. El extraordinario hallazgo lo realizó el ornitólogo norteamericano John O'Neil, acompañado por el profesor peruano Gustavo de Solar. Ambos declararon haber visto cuatro ejemplares del «guan de ala blanca», los últimos de los cuales habían sido avistados en 1877. El guan pasa la mayor parte de su vida en los árboles y se alimenta esencialmente de flores.
>
> «Fondo Mundial de la Vida Animal»,
> recogido por *Enciclopedia Alfatemática.*

Véase: Pájaro de Trueno, Roc (Ave), Serpiente Emplumada, Yetso.

Q

QUIMERA, La. «La primera noticia de la Quimera está en el libro sexto de la *Ilíada* —dice Borges—. Ahí está escrito que era de linaje divino y que por delante era un león, por el medio una cabra

Belerofonte, montado en Pegaso, ataca y da muerte a la Quimera
(mosaico del Museo Arqueológico de Barcelona)

y por el fin una serpiente...» La *Teogonía* de Hesíodo, empero, la describe con tres cabezas, y así es como aparece en la famosa escultura de bronce etrusco de Arezzo (Siglo V a. C.): cabeza de león, cabeza de cabra, en el lomo, y cabeza de serpiente o de dragón, en la cola.

Este peligroso ser, que arrojaba fuego por las fauces e infundía espanto, era hijo de la Hidra de Lerna y del León de Nemea (derrotado por Hércules) y estaba emparentado nada menos que con la voraz Esfinge, lo que significaba que sus antecedentes familiares eran pésimos.

El héroe Belerofonte fue designado por los dioses para enfrentarse a ella. Antes de emprender tan arriesgada misión, éste consultó el oráculo, que le aconsejó se valiera de la ayuda del caballo alado Pegaso, gracias al cual pudo sorprender al monstruo y exterminarlo.

Autores clásicos como Virgilio, en su *Eneida,* Servio Honorato, o Plutarco discrepaban bastante acerca de su aspecto, no llegando jamás a una aproximación... «Mejor que imaginarla —afirma Borges— era traducirla en cualquier otra cosa. Era demasiado heterogénea; el león, la cabra, la serpiente [en algunos textos, el dragón] se resistían a formar un solo animal...»

Su representación es muy diversa y muy poco precisa en todo el arte clásico. Posteriormente, para el cristianismo, la Quimera simbolizó el concepto del Mal.

Precisamente, por tal incoherencia, en la actualidad se emplea este término para significar una «creación de la mente, que se toma como algo real o posible».

Véase: Hidra, Pegaso.

R

ROC o RUJ (Ave, El).

> «...Me arrepentí de haber abandonado Bagdad y emprendido un viaje por mar después de haber sufrido tantas fatigas y haber estado a punto de morir en el primero... Al mirar más atentamente distinguí algo blanco y muy grande que había en la isla. Bajé del árbol, me dispuse a ver de qué se trataba y marché en aquella dirección. Era una gran cúpula blanca, muy elevada y de gran circunferencia. Me acerqué, di la vuelta en torno a ella y no encontré ninguna puerta ni tuve fuerza ni agilidad suficientes, dado lo lisa que era, para trepar por ella. Señalé el sitio en que me encontraba y medí sus circunferencia: tenía cincuenta pasos justos.
>
> ...De repente se ocultó el sol. Pensé que tal vez había sido tapado por una nube, pero como estábamos en verano me extrañó. Levanté la cabeza y vi un pájaro enorme, de gigantesco cuerpo y descomunal envergadura de alas, que surcaba el aire. Había tapado el sol a su paso...
>
> *Las Mil y una Noches*

Cabe pensar, y en esto coincidimos con Jorge Luis Borges, en una magnificación de cualquier ave rapaz de grandes dimensiones, incluso en alguno de los últimos representantes de una especie ya extinguida (caso del Piasa de América del Norte). Sin embargo, hay quienes opinan que se trata de un ser fabuloso, o de un sinónimo árabe del Simurg. El fragmento de la conocidísima colección de narraciones que hemos expuesto, corresponde al segundo viaje del marino Sindbad (noche 543 y 544).

Las leyendas situaban al gigantesco Roc en algún lugar entre Madagascar y las islas del Océano Índico. Cada una de sus plumas era tan grande como la hoja de una palmera. También se decía que —ocasionalmente— volaba en pos de alimento sobre tierras africanas e indias, llegando a cazar elefantes, que elevaba por los aires, dejándolos caer para matarlos. Al menos, así lo narra el veneciano Marco Polo en su *Libro de Viajes* (capítulo III):

> Los habitantes de la isla de Madagascar refieren que en determinada estación del año llega de las regiones australes una especie extraordinaria de pájaro, que llaman Roc. Su forma es parecida a la del águila, pero es incomparablemente mayor. El Roc es tan fuerte que puede levantar en sus garras a un elefante, volar con él por los aires y dejarlo caer desde lo alto para devorarlo después. Quienes han visto al Roc aseguran que las alas miden dieciséis pasos de punta a punta y que las plumas tienen ocho pasos de longitud…

El propio Polo afirma que los enviados del Khan habían llevado a la Corte una de estas plumas.

Véase: Pájaros de Trueno, Piasa, Simurg, Yetso.

ROCINANTE. Se trata de un «rocín flaco», compañero de aventuras y desventuras del más famoso caballero andante de todos los tiempos, Don Quijote de la Mancha, «aunque tenía más cuartos que un real, y más tachas que el caballo de Gonela, que *tantum pellis et ossa fuit,* le pareció que ni el Bucéfalo de Alejandro ni Babieca el del Cid, con él se igualaban. Cuatro días se le pasaron —escribe Cervantes— en imaginar qué nombre le pondría…, al fin le vino a llamar Rocinante, nombre, a su parecer, alto, sonoro y significativo de lo que había sido cuando fue rocín, antes de lo que ahora era…»

No se trata de un mito, ni tampoco —como Bucéfalo— forma parte de la Historia, aunque como símbolo de la Literatura universal, creemos que bien merece un espacio den nuestra obra.

RUL, El. Pocos lugares existen tan inhóspitos y desolados como el Sahara en nuestro planeta. Su extensión es enorme, unos 9 millones de kilómetros cuadrados, y en bastantes zonas pueden pasar decenios sin que caiga una sola gota de agua. El terrible simún (viento cálido y seco) sopla impetuoso y abrasador, capaz de hacer la vida imposible a hombres y bestias y de evaporar el agua de odres y otros recipientes; por doquier no se ven más que arena, piedras, rocas y montes, sin agua y sin hierba. Sólo, escasos y muy separados, algunos oasis. De ahí, en verano, un sol implacable eleva la temperatura por encima de los 50 grados centígrados; de noche, se producen heladas, y los termómetros descienden por debajo de «cero». En el centro de tan rigurosa comarca vive un pueblo seminómada bereber: los tuareg, u «hombres azules».

Nada de particular tiene, pues, que a sus creencias islámicas mezclen algo de animismo y algunas antiguas supersticiones; de otro modo, no hallarían explicación a las rigurosidades de su entorno.

Los Rul son genios afines a los Kel Essuf y a los Yenun, si bien prefieren habitar en las dunas.

Véase: Djinns, Genios, Kel Essuf, Yenun.

S

SARIMMER. Según las mitologías nórdica y germánica, los guerreros que morían combatiendo eran llevados desde el mismo campo de batalla hasta el paraíso o Valhalla por unas vírgenes guerrera, las Valkirias. Allí se dedicaban a practicar ejercicios guerreros y a celebrar suntuosos banquetes, atendidos por éstas —que procuraban que nada les faltase—, comían, entre otros manjares, la carne de cierto cerdo o jabalí, llamado Sarimmer, que resucitaba todos los días para ser degollado y asado de nuevo.

Véase: Valkirias.

SÁTIROS. «La mitología está llena de seres híbridos —afirma Armando Galant— mezcla de hombre y animal. Desde las ondinas,los faunos y los centauros, hasta los hombres-toro, los hombres-lobo, los hombres-leopardo, los hombres-tigre y una larga lista de mezclas dispares.»

Los Sátiros eran deidades menores entre los griegos y los romanos. Los primeros les daban este nombre, y los segundo el de Faunos o Silvanos. Sus facciones y la mitad del cuerpo eran casi humanas, salvo su aspecto velludo y sus orejas puntiagudas. De cintura para abajo presentaban patas, pezuñas y rabo de cabra; además tenían la nariz encorvada y unos cuernitos en la frente. Vivían en selvas y montañas, asediaban a las Ninfas, les deleitaba la danza —ellos mismos eran excelentes tañedores de flauta (la llamaba «flauta de Pan»)— y constituían una parte notable del séquito de Baco.

Los campesinos les veneraban y ofrecían las primicias de las cosechas, y, en ocasiones, sacrificaban corderos en su honor.

Existen leyendas acerca de Sátiros y seres afines capturados vivos. Así, el erudito y naturalista suizo Konrad von Gesner —que daba por cierta su existencia— y que a falta de testimonios directos, se valía, habitualmente, de los de terceras personas, escribe en una de sus voluminosas obras: «Este cuadrúpedo fue cogido en los dominios del obispo de Salzburgo, en la parte denominada la Selva de Harzberg —téngase en cuenta que éste ni los había visto, "ni podía" verlos personalmente—. Su color varía entre el amarillo pálido y el amarillo rojizo. Es de una extraña ferocidad y huye de la vista del hombre, retirándose y escondiéndose en las espesuras de la selva. Finalmente, cuando no se le puede obligar a tomar alimento, muere a los pocos días. Sus pies traseros (extremidades) son diferentes de los delanteros y exceden de éstos notablemente en longitud. Este animal fue capturado en el año de nuestra salvación de 1531».

El recuerdo de estos seres, por imaginarios que fuesen, no dejó de influir notablemente en la imagen medieval de los demonios.

Véase: Faunos, Silenos, Trenti.

SER ABOMINABLE, El. Al igual que los apaches, sus vecinos y afines, los indios navajos, son de origen atapascano y formaron parte del denominado grupo del Suroeste (Estados de Arizona y Nuevo México), que recibieron influencias de la cultura Anasazi. Su economía se basaba en la agricultura, ganadería (especialmente ovejas y cabras), cerámica y artesanía, digna de especial mención. Son exogámicos con residencia matrilocal y descendencia matrilineal.

Entre sus muchos mitos y leyendas, cabe destacar el relacionado con el Ser Abominable, que «era el genio malo más temible de los alrededores; y también era el más enorme de todos. Su cabeza calva se perdía entre las nubes y sus pies eran tan grandes —nos cuenta el escritor iroqués William Camus— que se habría podido meter un bisonte en cada uno de sus mocasines. Llevaba una coraza hecha con la corteza de un roble y unas pieles de animal a guisa de polainas…»

Solía depredar campamentos, comiéndose a los niños y aterrorizar a los demás. Nadie, ni siquera los guerreros se atrevían a enfrentarse con el gigante.

Finalmente, dos jovencitos, Tempestad Nocturna y su hermana Cálido Amanecer, decidieron acabar con el monstruo. Siguiendo las instrucciones de su madre, visitaron a la hechicera Mujer Escarabajo, quien les proporcionó algunas modestas ayudas para que pudieran recorrer sin perjuicio el difícil camino que conducía hasta la cabaña en que vivía el padre de los niños, ya que como estaba encargado de cuidar la marcha del sol, no podía acercarse por el poblado. No pudiendo hacer otra cosa, el hombre entregó a su hijo un arco y unas flechas mágicas, no sin darle unos consejos que le serían útiles.

Cuando Tempestad Nocturna y Cálido Amanecer volvieron al campamento, allí les esperaba el Ser Abominable, dispuesto a devorarlos; entonces, mientras la niña procuraba entretenerle, Tempestad Nocturna le disparó las flechas mágicas, que acabaron en el acto con la pesadilla… «Del cuerpo despedazado del genio malo nació un arco iris que fue a perderse en el horizonte», concluye Camus su relato.

Véase: Cíclope, Gigantes, Ogro, Ojancanu, Tartalo.

SERPIENTES.

> Yo había partido hacia las minas del rey en un barco de 54 metros de largo por 18 de ancho; tenía una tripulación de 120 hombres, lo mejor de Egipto. Se desató una tormenta cuando aún estábamos en el mar; volábamos viento en popa; el barco se hundió; de todos los que íbamos en él sólo yo sobreviví. Fui a dar a una isla y pasé allí tres días solo. Me mantuve a la sombra. Luego me interné para encontrar algo de comer. Hallé higos y uvas, hermosos puerros de toda clase, frutos diversos y pepinos. Había peces y aves; allí se encontraba de todo. Me satisfice y todavía me sobró. Preparé un taladro de encender fuego y lo encendí y quemé ofrendas a los dioses. Luego oí el ruido del trueno y pensé que era una ola; los árboles se rompían y la tierra temblaba. Yo descubrí mi rostro y descubrí que una serpiente se me había aproximado. «Tenía trece metros de largo y su barba era de 60 centímetros. Su cuerpo estaba cubierto de oro y sus cejas eran de verdadero lapislázuli…».
>
> *La Literatura de los antiguos egipcios,* Adolf Erman, Londres, 1927. Recogido por F. Javier Gómez Espelosín.

Así comienza el célebre cuento *El Náufrago,* escrito durante el Imperio Medio (2052-1786 a. C.). El enorme reptil acoge benevolamente al superviviente y, tras mantener unos diálogos, le permite volver a Egipto cargado de riquezas, y luego la isla se hunde en el mar (lo que nos recuerda a una de las aventuras de Sindbad el Marino).

«Es evidente —comenta Margarita Bru— que la serpiente tiene una amplia representación en el mundo de lo mítico. Apenas podría citarse una cultura en que este animal no tenga parte importante en una determinada leyenda, mito o en el propio terreno de la religión.»

Una comparación de relatos, proverbios y textos mitológicos, nos sirve para comprobar que los ofidios se muestran, unas veces como animales amables y beneficiosos; leales a sus amos, a quienes aman y defienden (cabría aquí recordar la leyenda de aquel Dragón que defendió a su dueño) y, en cambio, otras, portadoras de males e, incluso, de la muerte. En todas épocas y lugares, las gentes tuvieron experiencias contradictorias y ambivalentes con las serpientes. Y es, precisamente, tal ambigüedad la que ha posibilitado su identificación con lo numinoso y lo sagrado (deidades solares o ctónicas; o sea, relacionadas con la tierra, en contraposición a las celestes), apotropaico (imágenes cuyo carácter mágico y talismánico servía para apartar maleficios y conjurar a los malos espíritus), propiciatorio, funerario, símbolo de la vida o de la renegación, fertilidad, etc. Los ofidios podrían inspirar temor; pero, a su vez —como los dioses— podían ser benévolos y propicios («...Hizo, pues, Moisés una serpiente de bronce, y la puso sobre un asta; y cuando alguno era mordido por una serpiente, miraba a la serpiente de bronce y se curaba» Números, 21-9).

Relatos inverosímiles, hijos de la ignorancia y de la superstición, no son difíciles de desechar, y otros, acerca de reptiles de monstruosas proporciones, no resulta fácil pronunciarse, debido a la falta de pruebas fehacientes.

Al parecer, en un lugar indeterminado del norte del Sahara, una patrulla militar francesa (1959) dio muerte a una extraña serpiente de más de 10 metros de longitud, con una extraña cresta en la cabeza (¿no serían las barbas del monstruoso reptil del relato egipcio...?). En la región amazónica brasileña se habla de enormes anacondas (remitimos al Minhocao). En 1948 un destacamento del ejercito habría abatido —con ametralladoras— un ejemplar de unos 35 metros.

No obstante, convendría tener en consideración la *Historia de las*

Serpientes, del inglés Edward Topsell, fechada en 1608, en la que se habla de un «dragón» (más bien «serpiente gigantesca») capaz de enroscarse a una bestia salvaje de grandes dimensiones y oprimirla hasta matarla. Descripción notablemente exacta de una gran Serpiente Pitón.

Ante leyendas sobre gigantescos ofidios, nada tienen, por tanto, de particular leyendas como la ya citada de la gran Issa Beer.

La mitología de las Serpientes tienen gran representación en las culturas precolombinas (ambas Américas), los Mounds serpentiformes en Norteamérica y variedad de mitos y leyendas sobre dragones y la famosísima Serpiente Emplumada. «Los últimos hallazgos que demuestran la universalidad de su símbolo han sido —comenta Margarita Bru— los petroglifos descubiertos en la región comprendida entre Araraquara y la Quebrada Amefa, sobre el río Caquetá (Colombia). En algunos de ellos aparecen representados mediante simbolismos gráficos el tema del hombre-serpiente y el de la canoa-culebra, complejos mitos del Amazonas, en los cuales, la boa aparece como origen de todo lo creado y como dueña del agua.»

> Los dioses-serpientes abundan en la antigua mitología americana, pero los encontramos también en el mundo entero. Sería demasiado largo mencionar aquí las numerosísimas afinidades existentes; consideramos interesante, sin embargo, recordar el dios de los muertos etrusco Charu, imaginado en forma de reptil con pico de pájaro, que pudiera ser el correspondiente de la serpiente emplumada azteca y de los dragones alados chinos; y los dioses cretenses llevan una serpiente en cada mano,[5] al igual que las divinidades de Chavín.
>
> En cuanto a los reptiles con cabeza humana, conocidos un poco en todo el planeta, encontramos un abundante muestrario de ellos en la Amazonía, donde también vemos a los «hermanos» del legendario monstruo, representados en Liberia como una gran serpiente con brazos y un número variable de cabezas; en la América meridional es el dios Ku…»
>
> *Tierra sin tiempo,* Peter Kolosimo

5 No podemos evitar referirnos a la famosa ceremonia de la «snake-dance» (danza propiciatoria ejecutada aún en nuestros días por los indios «hispi» de Arizona).

En cuanto a ceremonias propiciatorias se refiere, cabe recordar que «los mayas de Yucatán sacrificaban a una doncella adornada con ricas joyas, a fin de que el dios de las aguas les concediera una abundante cosecha —comenta Armando Galant—, ya que creían que éste vivía en el fondo del lago en forma de una gran serpiente que tragaba a la niña sacrificada. La muchacha era arrojada a un lago desde lo alto de una pirámide. Si no sobrevivía, la cosecha sería buena; en caso contrario, entendían que el dios estaba enojado y les esperaba el hambre».

En todo caso conviene recordar que en Occidente —normalmente—, la serpiente es considerada animal maligno (evidentes razones religiosas), mientras que en otras civilizaciones, se la tenía por beneficiosa.

> En la Península Ibérica la simbología de la serpiente parece ser común con la de otras culturas. Aparece asociada con la vida y con la capacidad reproductora, al igual que el toro, y también con la muerte, en cuanto ésta es parte integrante del ciclo vital. Es también símbolo de inmortalidad.
>
> Encontramos ya trazos serpentiformes —algunos bastante dudosos— en cuevas paleolíticas y en los dólmenes megalíticos de Galicia y la región del Miño, aunque sabemos poco de sus características y de su vinculación con el culto del toro. Es evidente, sin embargo, que el culto a la serpiente es anterior en la Península Ibérica a la llegada de los indoeuropeos y que hubo una superposición de creencias.[6]
>
> *Iconografía y simbología de la serpiente en la España Antigua,*
> Margarita Bru

Abundan los relatos protagonizados por ofidios, y tanto en Asturias como en Galicia existen algunas leyendas sobre serpientes aladas, de piel muy dura, que cuando envejecen «huyen por la mar cuajada», y en cuyo fondo se supone la existencia de unos tesoros que guardarán celosamente (¿alguna afinidad con la leyendas sobre Dragones?)

Los relatos son tan numeroso como variados y la bibliografía tan extensa, que no deseamos extendernos al respecto. No obstante en los Museos abundan representaciones (broches, cerámicas, morillos, exvo-

6 Efectivamente, la creencia en el País Vasco en la Eresungía (mítica serpiente de siete cabezas) es anterior a la llegada de los elementos indoeuropeos.

tos, amuletos, joyas, estatuas, etcétera), sin duda procedentes de la herencia indoeuropea y oriental, prerromanas y griegas (aunque en menor número) y también romanas.

Hasta bastante entrado el presente siglo era habitual, en ciertas aldeas gallegas, colocar sobre el vientre de las parturientas una piel de serpiente a fin de propiciar un feliz alumbramiento; y, casualmente, en la India, las mujeres prosiguen haciendo ofertas de leche y miel (alimento de los dioses) a las cobras para conseguir descendencia, manteniendo a través de los siglos su primitiva asociación con las deidades del agua y la fertilidad.

Véase: Apop, Bicha, Dragones, Gomia, Grootsland, Issa Beer, Kenabeek, Leviatán, Octuple Serpiente de Koshi, Serpiente Emplumada, Serpiente de Mar, Serpiente Midgard, Tarasca, Tragantía.

SERPIENTE EMPLUMADA, La. Se trata de la representación del dios náhuatle precolombino Quetzalcóatl, al que rendían (bajo diversos nombres) culto los pueblos de México, Yucatán, Guatemala, El Salvador y Nicaragua. Dios creador del hombre, de los vientos, de la luna y del lucero de la tarde, héroe nacional y benefactor. Se le representaba en la cultura tehotihuacana en forma de «serpiente emplumada» (cuyo aspecto más bien semejaba a un Dragón) o con el aspecto de un hombre barbudo de raza blanca (circunstancia que supieron utilizar en su favor los conquistadores). Los toltecas, por su parte, lo adoptaron como su divinidad principal.

«El nombre de Quetzalcóatl se compone de "quetzalli", vocablo que designa las preciosas plumas de cola, de un color verde brillante, del ave quetzal, perteneciente a las aves trepadoras ("trogonidae") —escribe Eduard Seler en sus *Comentarios al Códice Borgia*—, y de "coatl" ("serpiente"). Con toda probabilidad ambas voces fueron originalmente, como el ser mítico llamado Quetzalcóatl, símbolos del agua o de la humedad producida por la lluvia que vuelve a despertar la vegetación después de la larga estación de sequía.»

> El culto a la serpiente comenzó en México en épocas muy remotas, con toda probabilidad en las zona del Golfo, en donde debieron heredarla los pueblos que ocuparon posteriormente la meseta central. En su representación de «Serpiente Emplumada» (significado literal

de Quetzalcóalt), la encontramos en Teotihucán, la grandiosa «ciudad de los dioses», donde las construcciones más notables son, precisamente, la pirámide del Sol, la de la Luna, y la Pirámide de Quetzalcóalt; esta última es la menor en proporciones, pero también la más hermosa. «Ningún edificio del área nahua produce sugerencias mágico-religiosas tan intensas como éste. En los taludes de cada uno de los seis cuerpos de serpiente, símbolo de la tierra por excelencia, trabajaba en suave relieve, ondula su cuerpo en un medio acuático plagado de conchas y caracoles. Pero en los tableros está el prodigio. Prodigio artístico el de las alternaciones de tremendas cabezas de Tláloc y Quetzalcóatl que, en línea vertical, forman hileras de motivos semejantes» (*Historia general del arte mexicano. Época prehispánica,* Raúl F. Guerrero).

Observando ese medio acuático en que se mueve la Serpiente Emplumada, y estrecha relación con Tláloc, dios de la lluvia, resulta muy evidente la vinculación de Quetzalcóatl con la vida.

Mito y realidad de Quetzalcóatl, Juan Manuel Galaviz.

Recordemos que los aztecas, aunque pertenecientes al área cultural mesoamericana, formaban parte de la familia lingüística «uto-azteca», propia de la América del Norte (exactamente de la extensa zona situada entre las Planicies y la Gran Cuenca y remotamente emparentados con los «utes». Recuérdese que, según ciertas leyendas, los aztecas llegaron a su hábitat procedentes del norte). La Serpiente Emplumada —aunque fuese conocida por otro nombre— de los pieles rojas de América del Norte —dice Benito Vidal— «es el primer eslabón común que se encuentra en esta civilización para unirla con las demás americanas».

Según las leyendas, Quetzalcóatl favoreció al pueblo azteca y le enseñó diversas artes e industrias (de nuevo el caso del «extraño civilizador»). Hijo de Tonacacihuatl y de Tonacatecuthli, fue embriagado con pulque por Tezcatlipoca, su hermano, y, avergonzado, se arrojó a una hoguera, convirtiéndose en el planeta Venus. Como apuntábamos, los aztecas creyeron que Hernán Cortés era el dios Quetzalcóatl, que regresaba para reclamar el trono tolteca. Por tal motivo, en el momento de la investidura de los nuevos monarcas se les advertía: «Recuerda que este no es tu trono, sino que sólo te ha sido prestado y que será devuelto después a quien en verdad pertenece» ...El resto, haciendo nuestras las palabras de Kipling, es… «otra historia»…

Los mayas lo adoraron con el nombre de Kukulkán y lo consideraron fundador de la ciudad de Chichén Itzá (norte de Yucatán), que dedicaron a su culto.

Curiosamente, mientras que para la tradición cristiana —como hemos tenido ocasión de ver—, la serpiente era portadora del Mal, en México la Serpiente Emplumada era un símbolo benéfico.

En América, y en otras partes del mundo, abundan curiosas leyendas acerca de extraños monstruos voladores, como el Piasa y el Pájaro de Trueno, que, en nuestros días, se tienen noticias de haber sido supuestamente vistos; así, en 1977 se descubrió en Texas una plu-ma de gran tamaño, rota y ensangrentada, perteneciente a una especie desconocida (al parecer, una rapaz de grandes proporciones), y en 1980 —por no extendernos— unos ganaderos afirmaron —aunque jamás aportaron prueba alguna— haber dado muerte a tiros a un gran reptil alado que medía 28 metros en un lugar de Arizona, no muy alejado de la frontera mexicana. Según las descripciones de sus cazadores, el aspecto del monstruo volador coincidía bastante con las representaciones de la Serpiente Emplumada de templos aztecas y mayas.

Véase: Dragones, Oannes, Orejona, Pájaro de Trueno, Piasa, Serpientes, Serpiente Emplumada.

SERPIENTE DE MAR, La.

En 1857, sobresaltó a todo Londres el informe presentado al Almirantazgo por el capitán Harrington, marinero de reconocida experiencia y habilidad, que mandaba a la sazón el *Castilian.*

A unas diez millas de Santa Elena y a las seis de la tarde, había visto un animal de extraordinaria longitud (sesenta metros, según sus cálculos), que nadaba muy despacio en dirección a tierra. La cabeza de forma de barril iba coronada de arrugada cresta.

«Estoy completamente convencido —dice en su informe— que el animal pertenecía a la familia de las serpientes. Era de un color oscuro por la cabeza, y estaba cubierta de manchas blancas… De haberme hallado lejos hubiese podido equivocarme; pero la vi pasar a menos de dieciocho metros de mi barco. Además de mis oficiales y yo, la vieron unas veinte personas, y puedo asegurar que la vi con la misma claridad que veo ahora el mechero de gas a cuya luz escribo esta descripción.»

Se comentó el informe. Hubo expresiones de incredulidad y sugerencias burlonas que sólo consiguieron enfurecer al capitán. Se llegó a decir que Harrington había tomado por serpiente a un manojo de algas. El marino, indignado, contestó que había tantas probabilidades de que tomara él por Serpiente de Mar a una masa de algas flotantes, como de que confundiera a un anguila con una ballena…

La Serpiente de Mar, Guillermo de Novellana

«Las leyendas sobre la Serpiente de Mar —afirma Néstor Luján— se unen a las creencias de la mitología nórdica, oriental y griega.» Ya la mitología clásica nos habla del sacerdote troyano Laocoonte (al que ya nos hemos referido) y a sus dos hijos devorados por lo que podría ser

La temible serpiente de mar
(grabado de *Historia de los países septentrionales*, Olaüs Magnus, 1597)

una monstruosa serpiente marina. Uno de estos fantásticos animales aparece representado en los muros del palacio asirio de Khorsabad. A veces, con frecuencia, un toque de imaginación, que barniza de fantasía un fondo de realidad, se percibe en los más antiguos relatos acerca de monstruos marinos. «En Libia —escribía Aristóteles— las serpientes son muy grandes. Marineros que navegaban a lo largo de esa costa cuentan haber visto los huesos de muchos bueyes que parecían haber sido devorados por las serpientes. Y, al paso de sus barcos, los reptiles venían a atacarlos, y algunos se arrojaron sobre una trirreme y la hicieron zozobrar.» Plinio mencionaba también serpientes marinas de extraordinarias dimensiones. A estos monstruos marinos, ampliamente descritos por los autores clásicos, a partir del Medievo, les fueron añadidos nuevos detalles, como ocurrió con otros animales fabulosos.

En casi todas las costas de los mares del mundo, pescadores y navegantes se han ido transmitiendo de generación en generación leyendas sobre grandes monstruos que acechan bajo las aguas (el Levia-tán o el Kraken, entre otros); «pero ninguno ha sido tan estudiado ni tan descrito como la Serpiente de Mar, y aunque sabemos que se trata de historias fantásticas, tampoco podemos afirmar "a priori" que no exista o pueda existir una base real».

Un testimonios del siglo XVI dice: «Existe en las orillas del mar próximas a la ciudad de Bergen (Noruega) una serpiente monstruosa, con más de doscientos pies de longitud y veinte de ancho. Vive en las rocas, en una profunda caverna que sólo abandona en verano, cuando las noches son claras, para devorar terneros, carneros o cerdos. Este animal inquieta mucho a los marinos, pues acostumbra a salir bruscamente de las aguas y se lanza contra los barcos como una flecha, cogiendo a los tripulantes y tragándolos, sin que haya defensa posible».

A partir del siglo XVIII, la mayor parte de estas historias fueron perdiendo credibilidad ante las obras de naturalistas como Linneo y Buffon, lo que no significa que no se haya visto o creído ver, desde entonces, monstruos de esta especie en todos los mares del globo.

Sólo en los tres siglos y medio últimos se han realizado más de seiscientas observaciones, sin contar las que no fueron denunciadas, por miedo al ridículo, de extrañas criaturas marinas. Testigos de las más variadas naciones, diferentes niveles culturales o distintas épocas afirman haber visto nadando sobre la superficie o entre dos aguas a una animal de gran tamaño y de alargada forma, similar a un ofidio gigantesco... Por supuesto, no pretendemos polemizar sobre la existencia de este y otros extraños seres tenidos por monstruosos, lo que por otra parte no puede afirmarse ni negarse categóricamente, ya que escapa de nuestros propósitos... No obstante, convendría tener muy presente «que ese animal del tamaño de un caballo, llamado "okapi" —escribe el investigador Novellana— y del que hoy tienen algunos parques zoológicos ejemplares, habían dicho los negros africanos que existía. Los zoológicos se rieron de ellos... hasta el año 1900 en que se capturó el primer ejemplar vivo».

Véase: Dragones, Kraken, Leviatán, Nessie, Serpientes, Serpiente Midgard, Tompodrano.

SERPIENTE MIDGARD, La. Como sabemos, esta gigantesca serpiente, junto con sus hermanos, la diosa infernal Hela y el horrible lobo Fenris, eran hijos de sujetos tan peligrosos como Loke y la menos no perversa Angerboda. Poco después de su nacimiento, el oráculo advirtió a los dioses que estas alimañas serían la perdición de la tierra. Para tratar de conjurar tan tremenda perspectiva, Odín —padre de todos lo dioses— envió a éstos a combatirlos. Hela fue precipitada a los Infiernos y al lobo lo sujetaron con la famosa cadena, confeccionada por los Alfios, forjada con seis cosas imaginarias: el ruido de la pisada de un gato, la barba de una mujer, la raíz de una roca, los tendones de un oso, el aliento de un pez y la saliva de un pájaro.

Midgard, la «Serpiente del Mundo», fue pescada por el dios Thor con un anzuelo, ya que no llegó a matarla y arrojada al «océano que rodea la tierra». Pero es tal su tamaño que rodea el mundo mordiéndose la cola y originando toda clase de convulsiones, mientras que Thot trata de vencerla.

Cuando llegue el Crepúsculo de los Dioses, la Serpiente devorará la Tierra, mientras que Fenris, el lobo, hará lo mismo con el Sol, y combatirán a los dioses.

Véase: Alfios, Apop, Dragones, Jinshin-Uwo, Kami, Loke, Octuple Serpiente, Serpientes, Serpiente de Mar.

SILENOS. En la antigua Grecia se denominaban así a ciertas divinidades de los bosques, hijos de Hermes y de una Ninfa (para unos) o de la Tierra (para otros), no muy diferentes de los Sátiros. Solían ser representados como alegres viejos, generalmente ebrios; pero con orejas, cola y pezuñas de caballo. Maestros y compañeros de Dionisios (Baco), estaban dotados de ciertas facultades, como cantar y profetizar.

Véase: Centauros, Faunos, Ninfas, Sátiros, Trenti.

SIMURG, El. «Es un pájaro inmortal —escribía Borges— que anida en las ramas del Árbol de la Ciencia…»

A través de los siglos, los diversos autores lo han descrito de maneras diferentes, unos le confieren gran importancia, como los poetas persas Firdusi o Farid al-Din Attar (siglos X y XIII), hasta Gustave Flaubert (siglo XIX), quien le resta gran parte de su importancia en su obra de 1874, *La tentación de San Antonio,* describiéndole como ave de plumaje metálico y anaranjado, cabeza humana, garras de rapaz, cuatro grandes alas y cola de pavo real.

Según una antiquísima leyenda, las aves —que vivían en la más absoluta anarquía—, no sin oposición, decidieron hacerle su rey. Para ello enviaron una nutrida representación de las diferentes aves. Unos desertaron ante las dificultades del camino y la distancia y otras sucumbieron de la empresa. Finalmente, sólo treinta de éstas consiguieron llegar —purificaciones por las pruebas— hasta su montaña y le ofrecieron el trono (Simurg, puede traducirse como «Treinta Pájaros»).

Al-Qazwini, afirma que el Simurg puede vivir hasta mil setecientos años, y cuando su hijo ha crecido, se autoinmola en una pira, lo que recuerda —según algunos mitógrafos— la leyenda del Fénix.

Véase: Fénix (Ave).

SIRENAS.

> El mito de las Sirenas tiene un alcance universal, pues en él se resumen maravillosamente las dos caras del mar, la traidora perfidia que éste oculta tras una sonrisa hechicera.
>
> Para los escandinavos, fueron nueve las hijas de Aegir y de Ran; para los antiguos irlandeses, escoceses y holandeses, fueron las «damas blancas»; para los pueblos germánicos se llamaron «nix», y para los eslavos, «rusalki», doncellas que murieron ahogadas prematuramente y

que dan el amor y la muerte juntos.

Esta fábula es tan fascinadora, expresa tan perfectamente la profunda dualidad de la mar femenina, voluble y tornadiza, cruel y encantadora, que ha perdurado a través de los siglos cristianos.

El mar, ese mundo fabuloso, Antonio Ribera

Mitad mujeres y mitad peces; se trataba, en realidad, de las hembras del manatí (familia de mamíferos, llamados «sirénidos»). Como hemos ido viendo a lo largo de esta obra, los mitos relacionados con el medio acuático han encontrado un terreno fácil, por ejemplo, el caso de las Sirenas, o como quiera que se las denominase, seres cargados de sensualidad y misterio. Hace tiempo que sabemos que tan enigmáticos seres eran manatíes hembras o vacas marinas que, al amamantar a sus crías cerca de las proas de los barcos, dejaban ver sus pechos, bastante similares a los de una mujer.

Los cánticos que se suponen entonaban para atraer a las embarcaciones a lugares peligrosos, donde naufragaban irremediablemente, se debía, seguramente, a la soledad y hambruna sensorial que afectaba a los embarcados, en tiempos en que las travesías podían durar meses e incluso años. Gonzalo Fernández de Oviedo (siglo XVI) hace esta «curiosísima» descripción, perla impagable de su época, ante una fauna desconocida, y que constituye la clave de la perturbación de ciertos mitos: «Tiene el pez dos tetas en los pechos, el que es hembra, e así pare dos hijos e la cría a la teta. El manatí es un pescado de los más notables o no oídos, de cuantos yo he visto e leído».

La credulidad de los científicos era grande. El jesuita P. Henriques (1560) afirma haber visto en el Índico, a unas doscientas leguas de Goa, varios tritones y sirenas, mientras que el gran anatomista Paré confirmaba que podían hallarse en gran cantidad en las costas de la India y de Brasil. El navegante Ganeau, por las mismas fechas, afirmaba haber visto en las Molucas sirena de gran tamaño, cuyos dientes poseían propiedades curativas contra una enfermedad tan terrible, a la sazón, como la disentería…

Según la mitología, eran hijas del río Aqueloo (hijo del Océano y de Tetis), para unos, y para otros, del Forco (u Horco) y de la Musa Melpómene. Inicialmente fueron representadas con cuerpos y alas de ave, pero con cabeza y senos de mujer, tocando la lira o la flauta. Posteriormente, aparecieron con su más tradicional aspecto: cabeza y cuerpo de mujer y cola de pez. Con sus cantos dulcísimos, atraían a los navegantes a la isla en que moraban, haciendo estrellarse a las embarcaciones contra los arrecifes rocosos. Los argonautas consiguieron escapar a su hechizos, merced a la prodigiosa música de Orfeo. En cuanto al astuto Ulises, advertido del terrible peligro, consiguió salvarse haciéndose amarrar fuertemente el mástil de su nave —tras pedir a sus compañeros se introdujesen tapones de cera en los oídos—; así consiguió oír sus cánticos sin perecer. «Para tentarlo —recuerda Borges— le ofrecieron el conocimiento de todas las cosas el mundo.»

Así lo cuenta la *Odisea* (Canto XII):

> Entonces amainó repentinamente el viento/ y una total bonanza aplacó las olas:/ acaso un Numen adormecía el mar.
>
> (La nave de Ulises se aproxima a las islas de las Sirenas.)
>
> Oh, Ulises, gloria de los aqueos,/ detén tu nave y ven para que oigas/ nuestra voz. Ningún negro bajel/ ha navegado cerca de nosotras/ sin escuchar nuestras dulces canciones,/ sino que sólo marcharon/ después de recrearse en nuestra voz,/ y lo hicieron más sabios que al llegar,/ porque sabemos cuántas fatigas sufrieron/ teutros y argivos en la vasta Troya/ y todo cuanto ocurre en esta madre Tierra.
>
> (Las Sirenas tratan de atraer a Ulises.)

Según el mitólogo Apodoloro de Atenas, cuando Orfeo, desde el navío de los Argonautas, cantó con más dulzura de las Sirenas, conjurando sus asechanzas, éstas se arrojaron al mar y quedaron convertidas en escollos, porque debían darse muerte si fracasaban, cabe suponer que debieron hacer otro tanto ante el ingenio de Ulises.

Ahora bien, cabe preguntarse —como hemos venido haciéndolo en otras ocasiones y lo seguiremos haciendo—, ¿cómo surgieron todos estos relatos y cómo pudieron perdurar hasta casi la actualidad…? Richard Carrington supone que monstruos y seres híbridos e imaginarios representan un esfuerzo para enfrentarse con «lo misterioso e inmenso del Universo» …Sólo dándole forma a sus temores, esperaban los hombres de la Antigüedad combatirlos… ¿cómo se puede luchar contra lo que no se conoce...? Nada tiene, por lo tanto de particular, que primitivos de nuestros días; por ejemplo, los esquimales, confeccionen figurillas de un pez con cabezas femeninas, para mejor aproximarse —tal vez— al mundo de los espíritus.

Y aunque ya lo hemos mencionado, nos permitimos volver a insistir en que las leyendas sobre las Sirenas se remontan seguramente hasta las más primitivas civilizaciones con sus dioses de cola escamosa (reptiles o peces). Pero su fundamento más inmediato podría estar en la contemplación de ciertos animales marinos (el dugongo, el león marino o manatí), cuya relativísima apariencia humana exaltó la imaginación de aquellas gentes.

Filisteos y babilonios, como sabemos, adoraban a dioses con cola de

Ulises, atado al mástil de su nave, escucha el canto de las Sirenas (ánfora del British Museum, Londres)

pez (remitimos a la iconografía de la época). También vemos Sirenas en monedas fenicias y corintias. Según cierta leyenda, el propio Alejandro Magno tuvo relaciones amorosas con bellísimas Sirenas, cuando exploraba el fondo del mar resguardado en una especie de barril de cristal... ¡y encima le sobró tiempo para realizar tan grandes conquistas! Plinio el Viejo cuenta, y está persuadido de ello, que en tiempos de Augusto se descubrieron en una playa de las Galias los cadáveres de varias Sirenas allí arrojadas por un temporal.

El Medievo fue una larga época en la que se vivió bastante de espaldas al mar, alimentando cierto espíritu de hostilidad hacia las supuestamente tenebrosas aguas del Atlántico, y es en tan larga fase cuando termina de afianzarse la concepción de la Sirena, como mitad mujer y mitad pez.

> En el siglo VI, una Sirena capturada y bautizada en el Norte de Gales, y figuró como una santa en ciertos almanaques antiguos, bajo el nombre de Murgen. Otra, en 1403, pasó por una brecha en un dique, y habitó en Haarlem hasta el día de su muerte. Nadie la comprendía, pero le enseñaron a hilar y veneraba como por instinto la cruz. «Un cronista del siglo XVI razonó que no era pescado porque sabía hilar, y que no era una mujer porque podía vivir en el agua.»
>
> *El Libro de los Seres Imaginarios,* Jorge Luis Borges.

Según los lugares y ambientes, las Sirenas pasaron a recibir diversos nombres; así, eran la «mermaid» inglesa, la «ladye of the lake» de Escocia, la «morgreb» bretona, la «weerfrau» germánica, y habiendo abandonado su natural hábitat, se introdujeron en las aguas dulces, como la Dona d'Aigua catalana o la Anjana cántabra (que incluso eran benéficas).

Existe una curiosa leyenda alemana relacionada con una Ondina, versión local de la Sirenas, que habitaba una roca en la margen derecha del Rhin (entre Maguncia y Coblenza); hechizaba con su canto a los navegantes que cruzaban el caudaloso río, los seducía, y finalmente, acababan en el fondo del Rhin. Sin embargo, el amor que sintió por una de sus víctimas fue tan sincero, que dejándose llevar por el remordimiento, puso fin a sus días arrojándose a las profundas aguas... El nombre de la Ondina era Lorelei, cantada por los poetas románticos alemanes, como Heinrich Heine.

Con el paso del tiempo, el comportamiento de tan singulares criaturas fue mejorando, e incluso, trató de humanizarse. En ocasiones, conseguían adoptar —aunque por poco tiempo— forma humana y se mezclaban con las gentes de pueblos o ciudades, llegando a casarse con algún mortal tras seducirle con sus artes mágicas, aunque tales matrimonios solían ser desafortunados y terminaban por regresar a su medio. Curiosamente, en el noroeste de Escocia, en Cornualles y en algu-

Sirena peinándose
(talla en madera del siglo XVIII)

nos lugares de las costas del norte de Francia, no faltaban quienes —con toda seriedad— afirmaban descender de las Sirenas. En Francia, las más distinguidas familias llegaban a «retocar» sus genealogías para pretender estar emparentados con Melusina, hermosísima Sirena, casada con un noble poderoso de la casa de Poitiers.

En el *Bestiario del Amor,* escrito hacia 1250 por Ricardo de Fournivel, se dice: «...Pues hay tres guisas de Sirenas, dos de las cuales son medio mujeres y medio peces, y la tercera, medio mujer y medio ave...»

En el *Diálogo de las Criaturas,* uno de los primeros libros impresos (Ginebra, 1481), su autor Gérard de Lyon afirma: «La Sirena es un monstruo de la mar, de medio cuerpo para arriba doncella y de medio cuerpo para abajo pez. Con tanta dulzura canta que hace dormir a las gentes, en especial a los navegantes. Los jóvenes, atraídos por sus cantos y deseando gozar de su compañía se precipitan a las ondas, donde perecen ahogados».

En el *Diario* de Cristóbal Colón (9 de enero de 1493), puede leerse: «El día pasado, cuando el almirante iva al Río del oro, dixo que vido tres Sirenas que salieron bien alto de la mar, pero no eran tan hermosas como las pintan, que en alguna manera tenían forma de hombre en la cara; dix que otra vezes vido algunas en Guinea en la Costa Mengueta...»

El capitán Henry Hudson, famoso explorador y descubridor inglés, relata también en su *Diario* el encuentro con una Sirena el 13 de junio de 1608: «...la mitad superior del cuerpo era el de una mujer, incluyendo los senos... Era alta de estatura, de piel muy blanca, y con largos cabellos que le cubrían la espalda... Al zambullirse, los hombres observaron que tenía una cola como la de un delfín...»

«En la concepción actual de las Sirenas confluyen una serie de leyendas antiguas con tradiciones marineras modernas y residuos del folklore medieval. La Sirena actual —afirma Antonio Ribera— es el resultado de una serie de malentendidos y equívocos. Los antiguos, en efecto, tuvieron un ser fabuloso con cuerpo humano y cola de pez, pero este ser no era femenino, sino masculino y se llamaba «Tritón»...

Con independencia del origen y evolución del mito, es evidente que éste no ha muerto con el paso de los siglos. En 1961, la Oficina de Turismo de una pequeña localidad costera de Gran Bretaña, ofreció un premio a quien consiguiera traerse del mar una Sirena… viva y coleando, por supuesto.

Véase: Anjanas, Dones d'Aigua, Erreka-Mari, Hombre-Pez, Lamiñas, Mae de Aigua, Obispo de Mar, Pez-Mujer.

SIRRUCH. Vemos en el pórtico de Isthar (Babilonia), ciertos inquietantes bajorrelieves que representan a una bestia con aspecto de dragón, cuerpo escamoso, larga cola y fuerte cuello. Sus patas delanteras recuerdan las de un león y las traseras las de una gigantesca ave, la cabeza es de reptil, con una cresta y presenta un único cuerno recto, como el de un rinoceronte. Su lengua es bífida, como la de una serpiente… ¿Procede de este monstruo la leyenda del Unicornio…?

El investigador alemán Robert Koldeweg estudió el origen de este ser, que se estimaba imaginario —consecuencia de la unión en uno sólo de varios animales feroces—, y llegó a la conclusión de que su existencia pudo ser real. Al parecer, le llamaban Sirruch o Sinruch y se decía que los sacerdotes le mantenían encerrado en una oscura cueva de un templo.

«Había también un dragón muy venerado de los babilonios. Dijo el rey Daniel: "¡No dirás de éste que es hecho de bronce! Mira que está vivo y que come y bebe; de éste no podrás decir que no es dios vivo. Adórale, pues". A lo que Daniel contestó: "Al Señor, mi Dios, adoraré, porque él solo es Dios vivo. Si tú, rey, me lo permites, yo mataré a este dragón sin espada ni palo". Respondióle el rey: "En tu poder está". Y tomando Daniel pez, grasa y pelo, lo hirvió todo junto e hizo unas bolas, que luego dio al dragón, el cual las comió, reventando con ellas…» (Daniel, 14-23/27).

Véase: Dragones, Unicornio.

SLEIPNIR. Tal era el nombre del caballo de ocho patas del dios Odín; su pelaje era gris y, dado que sobrepasaba a todos los caballos que jamás hayan tenido dioses y hombres, podía moverse por la tierra, el aire e, incluso, por los Infiernos.

Sleipnir simbolizaba los vientos del cielo, que soplan por los cuatro costados. En algunos lugares de Suecia se acostumbraba a dejar en los campos algunas gavillas de grano para la cabalgadura de Odín, y así impedir que éste pisoteara los campos con sus patas, especialmente los miércoles (día de la semana consagrado a este dios), que era cuando el caballo se mostraba más dispuesto a galopar sobre los sembrados. «Pero, en un sentido más elevado, Sleipnir es un Pegaso. Pegaso volaba de la tierra a las moradas de los dioses. Sleipnir viene del cielo, lleva al héroe sano y salvo a través e los peligros de la vida —afirma Hein-rich Niedner en su *Mitología Nórdica*—, y transporta al poeta que cree en el espíritu a la morada celeste. Grundvig llama a Sleipnir corcel del ama del poeta; es decir de la estrofa islandesa o nórdica antigua, que consistía en ocho versos, o cuatro octómetros. La interpretación más poética de los mitos es la que es más verídica.»

Véase: Pegaso.

SQUONK, El. «La zona del Squonk es muy limitada —escribe Jorge Luis Borges—. Fuera de Pennsilvania pocas personas han oído hablar de él, aunque se dice que es bastante común en los cicutales de aquel Estado. La piel, que está cubierta de verrugas y lunares, no le calza bien; los mejores jueces declaran que es el más desdichado de todos los animales…»

No resulta difícil seguirle el rastro, ya que —debido a su congoja— deja tras de sí un reguero de lágrimas y se puede escuchar su lamento tras los arbusto de cicuta. La leyenda aconseja a los cazadores le sigan la pista en las noches más frías y de luna, cuando sus lágrimas caen bastante más despacio de lo habitual y al animal no le agrada moverse. Se mencionan casos de algunos de estos seres, que cazados, acabaron disolviéndose en un mar de lágrimas y burbujas.

T

TAGARO y SUQUE. Como hemos tenido ocasión de ver, al hablar de los Gigantes, en todas las partes del mundo abundan leyendas relacionadas con tan formidables seres. Unos serán buenos y otros perversos, algunos fueron civilizadores e impartieron notables conocimientos a los humanos, mientras que algunos eran necios y degenerados descendientes de alguna ilustre raza.

Admitiendo la existencia de Gigantes «buenos» y «malos», nada tenía, por tanto, de particular que éstos acabaran enfrentados. Entre los nativos de Nueva Guinea, circula la leyenda de Tagaro y Suque. El primero, que era un Gigante «bueno» había venido del cielo, y se enfrentó con Tagaro, el Gigante «malvado», al que consiguió derrotar y arrojar a un abismo, «como en Grecia —recuerda Peter Kolosimo— los gigantes malos fueron arrojados por los dioses buenos».

Una vez más viene a confirmarse el hecho que mencionábamos en nuestro prólogo de que ciertos mitos tengan eco y reúnan tan curiosas similitudes, pese a estar tan distanciados por el espacio y el tiempo.

Véase: Gigantes.

TALOS. Tras haber atravesado sin contratiempos el peligroso estrecho de Mesina (sede de Escila y Caribdis), la nave de los Argonautas, tras diversas vicisitudes, no todas ellas agradables, llegó a las costas de Creta. Cuando desembarcaron en la isla, un autómata metálico, de grandes dimensiones, llamado Talos, obra de Hefesto (el Vulcano de los romanos) —al parecer, hijo de Zeus y Hera, casado con Afrodita, y el dios más industrioso, pese a ser deforme, del Olimpo, cuyos atributos son el fuego y los metales—, al servicio del famoso rey Minos, les cerró el paso. Tal eran su fuerza y tamaño que arrancaban grandes rocas capaces de hundir la embarcación. No obstante, los Argonautas burlaron su vigilancia y consiguieron sus fines con la inestimable ayuda de Medea (experta en «ciencias ocultas», sobrina de la célebre hechicera Circe, y casada con Jasón), que adivinó que el gran autómata sólo era vulnerable en cierta vena de su tobillo. Consiguió enviarles visiones engañosas y el propio monstruo acabó hiriéndose mortalmente él mismo.

Véase: Minotauro.

TANIWHA. Los maoríes de Nueva Zelanda, hablaban del Taniwha, monstruo antropófago, difícil de definir, ya que adoptaba las formas de lagarto, ofidio o pez. Añadían que podía uno tropezarse con él en cualquier parte, fuentes, ríos, lagos, montaña o cavernas. Además, como gozaba de poderes sobrenaturales, lo mismo podía transformarse en cualquier otra criatura que volar por los aires.

Lo orígenes de esta leyenda son bastante oscuros, y ningún hombre blanco ha podido afirmar haberlo visto.

Véase: Bunyip.

TARASCA. Se trata de una figura de sierpe monstruosa, que en algunas partes se saca en la procesión del Corpus, por extensión se denomina así a cualquier mujer fea y de mal carácter.

Véase: Gomia, Serpientes.

TARTALO. Tartalo o Tarttalo es un gigante fabuloso de la mitología vasca que puede ser identificado con los Cíclopes de la mitología clásica.

Véase: Cíclopes, Gigantes, Ojancanu, Ser Abominable.

TELQUINES, Los. Eran nueve, con cabezas de perro y sus patas, aletas, hijos del mar, según la mitología griega (por lo que su aspecto debía recordar bastante al de una foca). A instancias de Rea (esposa de Cronos), cuidaron al pequeño Poseidón y forjaron su tridente. Además, fueron los primeros que tallaron las imágenes de los dioses.

Sin embargo abusaron de la magia y alteraron el orden establecido por Zeus, quien decidió su exterminio. Avisados por Artemisa, consiguieron ponerse, momentáneamente, a salvo, aunque no por eso Zeus y Apolo, entre otros dioses, cejaron en su persecución: unos fue-ron muertos por lobos y otros por una inundación, no librándose de las iras de los dioses ni siquiera aquellos que en las tierras de Licia (al suroeste de Asia Menor) alzaron un templo para aplacar a sus perseguidores. Pretende, empero, la fábula, que de alguna manera lograron salvarse en última instancia, y refugiarse en Sición (Peloponeso, junto al golfo de Corinto).

THANACHT. Curioso animal africano del tamaño de un tigre, aunque sin cola, con el rostro muy semejante al de un ser humano. Está totalmente cubierto de bello de color tostado y tiene un cabello tan negro como crespo… Para su desgracia, es comestible.

Véase: Haiit, Huspalim.

TI-CHIANG. Pájaro sobrenatural de las leyendas chinas que habita en las Montañas Celestiales. Es de color bermejo, tiene seis patas y cuatro alas, aunque carece de cara y ojos.

TIFÓN. Según la mitología griega, era un enorme gigante, hijo del Tártaro y de la diosa Gea, para unos; para otros, entre ellos el autor de la *Ilíada,* habría brotado de la Tierra tras golpearla Hera con su mano.

Se le ha representado de diversas maneras, aunque todas venían a coincidir en su terrible aspecto. Monstruo de cien cabezas, de cuyas respectivas bocas salían llamas abrasadoras y tales rugidos que espantaban a mortales y dioses. La parte superior de su cuerpo estaba cubierta de plumas, su cabeza era parecida a la de un asno, tenía unas alas tan grandes, que cuando las extendía, oscurecían el sol; y la parte inferior estaba rodeada de grandes serpientes En lugar de dedos, tenía serpientes en las manos. Su altura era tal que podía tocar el cielo con la cabeza.

Siendo muy joven, declaró la guerra a los dioses, presentándose como vengador de los vencidos Gigantes. Consiguió apoderarse de Zeus, a quien mutiló —valiéndose de una hoz de diamantes— y encerró en un desagradable antro, bajo la vigilancia de su feroz hermana Delfina o Delfineta, monstruo mitad mujer y mitad sierpe. Con la ayuda de Hermes y Pan, el rey Olimpo pudo liberarse y recuperarse de las lesiones inflingidas por el monstruo. Finalmente, Zeus, montado en un carro volador, le persiguió y habiéndole dado alcance en el Monte Etna (costa oriental de Sicilia), lo fulminó con sus rayos, sepultándolo allí mismo. Este es el motivo por el cual el rabioso Tifón vomita constantemente llamas y agita la tierra que lo recubre, causando terremotos y otras tragedias.

Casó con Equidna y fue padre de varios conocidos monstruos mitológicos, como Gorgona, Gerión, Cerbero, la Hidra de Lerna o la Esfinge.

Véase: Delfina, Elfa, Gigantes, Serpientes.

TITANES, Los. Para la mitología griega, se trataba de los seis hijos de Urano y Gea; seres de gigantesca estatura y dotados de fuerza prodigiosa (de ahí, que se designe con tal nombre a las personas que destacan por su dotes excepcionales, especialmente por su fortaleza). Se trataba de Océano, Ceo, Críos, Hiperión, Japeto y Cronos, que se acoplaron con sus respectivas hermanas (Rea, Thia, Temis, Mnemosina, Febe y Tetis), engendrando una raza de seres fuertes e impávidos. Algunos de ellos, como Japeto (padre de Atlas), no tuvieron inconvenientes de mantener relaciones con mujeres mortales.

Instigados por su propia madre, declararon la guerra al cielo, pretendiendo tomarlo por asalto, acaudillados por Cronos (identificado en Roma como Saturno, consiguiendo derrotar a Urano. Sin embargo, no tuvieron idéntica suerte al enfrentarse a Zeus (hijo del vencido), que junto a las demás deidades les combatió eficazmente en Tesalia. Tras porfiada lucha, consiguió vencerlos y fueron arrojados al Tártaro, con la excepción de Atlas y Cronos (enviados el primero a la cordillera africana que lleva su nombre y el segundo a gobernar las Islas de los Bienaventurados).

Véase: Atlas, Cíclopes, Gigantes, Tifón.

TOMPODRANO. En los mares tropicales y subtropicales se ha pretendido ver reiteradamente una extraña criatura marina, parecida a un Dragón o Serpiente de Mar, que se caracteriza por sus múltiples aletas laterales y por tener un cuerpo acorazado o segmentado. Criaturas como ésta forman parte de las narraciones y del folflore de Malasia y Madagascar, donde se le conoce como Tompodrano o «Señor de las

Zeus fulmina a los Titanes, paflón de Pablo Veronese, Museo del Louvre, París

Aguas», o de Vietnam, donde se le da el nombre de «Rit».

Según testimonios, no bien establecidos, habría sido visto también por navegantes occidentales, aunque en contadas ocasiones.

Véase: Serpiente de Mar.

TORO DEL AGUA, El. En las Tierras Altas del norte de Escocia —como hemos visto— llueve mucho, por lo que abundan los ríos y lo lagos, lugares en que los naturales suponían que habitaban unos extraños seres. Los que vivían en pequeños cursos, solían —según sus creencias— ser pacíficos e incluso benignos con los humanos. No ocurría, al parecer lo mismo con los que moraban en los más profundos cauces y sobre todo en los «lochs» o grandes lagos, entre los que se encontraban seres malignos como el ya citado Caballo de Agua o Kelpie, entre otros.

Acerca del llamado Toro de Agua, se conocen diversas consejas y ya se editaban panfletos en 1823, asegurando que vivían en los pequeños lagos de las montañas o «lochs» y que sólo salían por las noches, aunque no se sabía que hubiera molestado a nadie.

Véase: Caballo de Agua, Dragones, Morag, Nessie, Serpiente de Mar.

TRAGANTÍA, La. «Cuando las huestes del arzobispo de Toledo atravesaron angostas los puertos del Muradal con carros, cruces y caballos ya sabía el atribulado rey de Cazorla que iban a devastar sus posesiones y que sería un despilfarro inútil que aquel minúsculo reino intentara resistir por las armas a la adiestrada violencia de los cristianos...» Con estas palabras inicia Juan Eslava Galán, la narración de la leyenda de La Tragantía, en su libro *Leyendas de los castillos de Jaén.*

El caso es que al reyezuelo no se le ocurrió otra cosa que aconsejar a sus amendrados súbditos, se refugiasen en lugares más seguros ya que estaba persuadido de que las huestes cristianas se limitarían a saquear y destruir, para luego regresar a sus tierras del norte.

En la creencia de que toda aquella conmoción sería cosa de pocos días o de unas semanas, a lo sumo, el hombre prefirió que su querida y única hija permaneciese escondida en el castillo, «en unas secretas habitaciones cuya antigua existencia sólo él conocía —prosigue Eslava Galán—. Aunque la dejaba bien provista de alimentos y lucernas de aceite y todas las otras cosas necesarias para no sentir incomodidad alguna en los pocos días que duraría su reclusión, el atribulado anciano no acababa de resignarse a partir…».

Las cosa no salieron como el buen hombre hubiera deseado, ya que murió en una emboscada y los cristianos no se marcharon esta vez, como lo habían hecho otras tantas antes. «Se establecieron …con sus ávidos colonos traídos de lejanas tierras. Pronto volvió el humo a las chimeneas y el laborioso sonido a las norias y a las herrerías y las alegres canciones a las eras…»

Como es natural, nadie rescató a la infeliz princesa, ya que nadie sabía ni de su existencia, ni de aquellos subterráneos corredores. Consumió sus provisiones y las lámparas se apagaron por falta de aceite, «la infeliz —prosigue Juan Eslava— se dispuso a morir debajo de las mantas de su lecho oscuro. Durmió o creyó dormir, un espacio de tiempo frecuentado por atroces pesadillas. Cuando despertó sentía, en el hervor de una fiebre, las piernas heladas y doloridas. Quiso frotarlas con las manos. Le devolvía un tacto viscoso de piel desconocida y áspera que le produjo asco y escalofríos …Sin horror ni sorpresa aceptó en su cuerpo lento prodigio de mudarse en serpiente hasta la adolescente redondez de las caderas. Reptaba por sus tinieblas anillándose entre los silbos a los pilares que sostenían el techo…».

Así fue como la infeliz se transformó en la Tragantía. Dicen las gentes que en las noches de San Juan canta con dulce y atrayente voz:

> «Yo soy la Tragantía/ hija del rey moro/ el que me oiga cantar/ no verá la luz del día/ ni la noche de San Juan.»

«Si un niño escucha esta canción, el monstruo lo devora, concluye el narrador. Por eso la gente menuda procura irse a la cama y estar dormida muy temprano.»

Véase: Elfa, Gomia, Serpientes.

TRASGU, El. Se trata de uno de los más populares seres pertenecientes a la mitología y folklore asturianos. Es una especie de duende doméstico que habita en las casas. Su aspecto, como decimos, es muy similar al típico «duendecillo»: muy pequeño, tocado con un gorro colorado.

En realidad, no es maligno; antes bien, hace que las cosas estén en su sitio. En ocasiones, sin embargo, resulta muy pesado y molesto, ya que por las noches —cuando todos duermen— se dedica a hacer ruidos y a revolverlo todo. Además, es muy goloso y suele hurtar dulces y pasteles, que saborea en sus escondrijos.

Cuando se tiene la certeza de que una casa está embrujada por los Trasgus (o Trasgos), no queda otro remedio que pedirle se someta a tres pruebas, lo que acepta indefectiblemente, puesto que es muy vanidoso y se tiene por muy listo. La primera consiste en llenar un cesto de agua; la segunda en recoger el contenido de media taza de linaza en su mano izquierda (en la que, como todos saben, tienen un agujero), y la tercera, volver blanca la pelleja de un cordero negro… Naturalmente, fracasa y, avergonzado, abandona la casa.

Véase: Duendes.

TRENTI. Personaje fabuloso de la mitología y el folklore cántabros. Se trata de un ser, con aspecto humano, de pequeñas dimensiones, ojos verdes y el rostro negro. Anda vestido con hojas y musgo. En verano gusta de dormir en los árboles y durante el invierno lo hace en abrigadas torcas.

Al igual que otros seres similares de las mitologías nórdicas, es malicioso y pícaro, aunque jamás maligno. Recorre los senderos y se esconde entre la maleza para tirar de las sayas a las mozas.

Véase: Duendes, Faunos, Tritones.

TRITONES. Tritón era uno de los dioses marinos de la mitología griega, hijo de Poseidón y de Anfítrite. Según las diferentes versiones, unas veces se mostraba como una deidad terrible, y otras se comportaba con gran prudencia y benevolencia. En todo caso, poseía el don de la profecía y siempre esgrimía una caracola, de la que extraía un sonido tal que se oía en cualquier rincón de la Tierra.

Se le representaba con cuerpo de hombre barbudo y cola de pez. Junto a él vivían sus numerosos descendientes los Tritones, cuyo aspecto era muy parecido al suyo, que personificaban el movimiento de las olas; éstos, junto con las Nereidas, formaban el séquito de Poseidón y Anfítrite y, ocasionalmente, tiraban de su carro.

Véase: Glauco, Hombre-Pez, Peje Nicolao, Sirenas.

Tritón y su amante Sirena, tocada con plumas de pavo real

TROLLS, Los. Inicialmente, en las mitologías nórdicas, eran Gigantes que guerrearon contra el dios Thor. En la Edad Mayor, ya citada, se lee que cuando se produzca el Crepúsculo de los Dioses, los Gigantes —secundados por el Lobo Fenris y la Serpiente Mid-gard—, escalarán y romperán el Arco Iris o Bifrost.

Con el tiempo, y al igual que en Inglaterra, las Valkirias quedaron relegadas al ámbito campesino y acabaron, como veremos, degenerando en vulgares brujas. Los Trolls de las supersticiones populares, acabaron convirtiéndose en una especie de espíritus inferiores, y finalmente acabaron siendo considerados como una especie de Elfos, algunos dotados de dos o tres cabezas, lo cual no quiere decir que destacasen por sus dotes intelectuales. En ocasiones se mostraban adversarios de los Gnomos. Se creía que habitaban en las colinas o en las cuevas de las montañas, ya fuera en grupo o solitarios, y aunque se les suponía muy ricos, solían ser avaros. Aun así, no les disgustaba la buena vida y rodearse de algunas comodidades. Al igual que los Alfes detestan los ruidos (razón por la cual, las campanas de las iglesias han terminado por relegarles a los más apartados lugares).

Eran engreídos y poseían malos hábitos. Algunas veces, pocas, estaban en buenas relaciones con los humanos; pero solían robarles sus provisiones y secuestrar mujeres y niños.

Véase: Fenris, Gigantes, Serpiente Midgard, Titanes.

U

ULETIF, El. André Thevet, en su *Cosmografía,* cuenta que vio en el golfo de Guinea un monstruo de terrible aspecto, al que dio este nombre, y que llevaba —en plena frente— un terrible cuerno dentado por todas partes y muy aguzado. «Muchos estiman —comentaba Thevet— que este animal es el Unicornio marino y que su cuerno molido sirve contra las mordeduras de animales venenosos, como hacemos con el Unicornio terrestre»... Ahora bien, ¿este Uletif no podría ser un Pez Sierra, por ejemplo...?

«La credulidad de Thevet —afirma Néstor Luján— le llevaba a pensar que los polvos molidos que venían de Oriente provenían efectivamente del cuerno del Unicornio terrestre, animal tan mítico como el Uletif. Era en la mayoría de los casos colmillos de mamut pulverizados.»

Véase: Unicornio.

UNICORNIO, El. Tanto los diccionarios como la iconografía más habitual los presentan en forma de caballos, con un largo cuerno en la frente, barba de chivo, cola leonina y pezuñas de buey. «El Espíritu Santo, Jesucristo, el mercurio y el mal han sido figurados por el Unicornio —afirma Borges—. La obra de Jung, *Psychologie und Alchemie* (Zurich, 1944), historia y analiza estos simbolismos.»

¿Llegaron a existir los unicornios...? Evidentemente, se trata de una mezcla de diversos animales, reunidos en uno por descripciones de viajeros y textos de diversos autores.

También pudo tratarse del rinoceronte, del órix (un gran antílope) visto de perfil o falto de uno de sus cuernos o un animal marino como el narval, pequeño cetáceo, de la familia de los monodóntidos, dotado de un diente de hasta dos metros de longitud, retorcido en forma de espiral y afilado como el legendario cuerno del Unicornio.

Aristóteles y Plinio el Viejo creyeron en su existencia. Y así lo hicieron constar en sus libros. Así, el segundo introduce en su obra, junto a especie reales, otras de más que dudosa génesis, tal vez porque desde su punto de vista naturalista el Unicornio era perfectamente descriptible por quienes creían en su existencia, tan terrena y tan palpable como la de cualquier animal doméstico. «Dan caza en la India a otra fiera: el Unicornio, semejante por el cuerpo al caballo, por la cabeza al ciervo, por las patas al elefante, por la cola al jabalí. Su mugido es grave; un largo y negro cuerno se eleva en medio de su frente», así lo describe Plinio. Se niega que pueda ser apresado vivo.

Su primera aparición en el mundo bibliográfico tuvo lugar hacia el 400 a. C., de la mano de griego Cetsias (historiador y médico del soberano persa Atajerjes II), aunque la descripción parece estar basada, tal vez, en el rinoceronte. En su *Historia de la India* afirma: «Hay en la India, ciertos asnos salvajes que son tan grandes como caballos o acaso más. Sus cabezas son rojo oscuro y sus ojos azul oscuro. Tiene un cuerno en la frente de casi medio metro de largo. El polvo de este cuerno se administra en una poción como antídoto de las drogas mortales».

Cetsias, sin embargo, jamás estuvo en la India y escribía, por tanto, sobre el mítico animal totalmente «de oídas», basándose en datos e informaciones de segunda o tercera mano, sobre una bestia desconocida en su entorno cultural y ecológico.

Diversos autores de la Antigüedad y del Medievo se ocupan de sus características. Para algunos, su fortaleza era tal que empalaba y trasportaba hasta tres elefantes en su cuerno. No obstante, no conseguía desprenderse de ellos, por lo que —generalmente— acababa muriendo de inanición o apestado por los vapores que desprenden los proboscídeos al entrar en putrefacción. Sólo algunos personajes heroicos y esforzados se dirigían a las montañas o a los desiertos para tratar de sorprenderlos, y su encuentro hacía estremecer a los más valerosos: «Nada hay tan espeluznante como el bramido de este animal —afirma un texto antiguo—, pues su voz retumba como el trueno». También se lee que «mordía como un león y coceaba como un caballo»… Por añadidura tampoco le amedrentaban las armas de hierro.

El Unicornio solía comportarse entre los suyos con altanería, incluso con las hembras, «menos cuando le abrasaba el instinto de procrear». Pero con los demás animales, en cambio, era «sociable y gustaba de su compañía».

Sólo había un medio de domesticar al Unicornio, explicada a principios del siglo VII por el teólogo visigodo Isidoro de Sevilla. Una doncella había de conseguir que reposase la cabeza en su regazo. Entonces, atraído por su pureza, «abandona toda su ferocidad y queda dormido». Desgraciadamente, se lamentaba el erudito autor de las *Etimologías,* el confiado animal «suele ser muerto a flechazos por los cazadores».

En el caso del Unicornio —en realidad el rinoceronte indio— tuvo que ser el viajero Marco Polo quien deslindara con su propia experiencia la ficción de la realidad, aclarando que el Unicornio que él buscaba en la India nada tiene que ver con la idea que se tiene en Europa sobre su apariencia equina: «Es una bestia de presencia horrible —escribe— y de ningún modo como las que recordamos y mencionamos en nuestros países… os aseguro que es completamente opuesto de lo que decimos de ella»… No obstante, la leyenda siguió dando pábulo al mito zoológico.

La figura del Unicornio aparece con frecuencia en la iconografía medieval, y especialmente en una serie de tapices del siglo XV procedentes del castillo de Bousscat, en la región francesa de Creuse, y que se conservan en el Museo de Cluny.

En el escudo de Gran Bretaña aparecen juntos el león y el Unicornio, desde que Inglaterra y Escocia se unieron en el reinado de Jacobo I (1566-1625). Anteriormente, el emblema ingles había sido sostenido por un león (o leopardo) y un dragón. El Unicornio procede de Escocia, cuyas armas levantaban dos de estas bestias.

La unión del león y del Unicornio no estaba libre de riesgos, ya que ambos animales (según una octava real de la epopeya *The Faerie Queene)* eran tenidos por enemigos mortales, aunque bien es muy cierto que la Edad Media, la época dorada del Unicornio, estaba más que clausurada… era historia. Cierto escritor del siglo XVII, empero, nos ha legado una viva descripción de tan antigua rivalidad: «Cuando el león ve al Unicornio, corre a refugiarse tras un árbol, primero para protegerse y después para acabar con su enemigo. Porque el Unicornio, en la rapidez de su carrera, choca contra el árbol y clava en él su afilado cuerno. Entonces el león, al ver al Unicornio sujeto por su cuerno, cae sobre él y lo mata sin peligro».

Especial mención creemos merece el K'i-lin o Unicornio Chino, uno de los cuatro animales considerados presagio favorable (los otros son el Dragón, el Fénix y la Tortuga). Por lo que se sabe de él, no hace daño a nadie. Su aparición es presagio del nacimiento de un rey o personaje virtuoso, y se considera de mal agüero que lo hieran o que le hallen muerto, y puede vivir mil años. Y aunque no figura entre los animales domésticos, no siempre se presta a una clasificación —ya que resulta difícil encontrarlo—; en todo caso, no se sabe con seguridad cómo es el K'i-lin. No obstante, los chinos también concedían propiedades mágicas y curativas a su cuerno.

Desde la más remota antigüedad, quien tenía el «alicornio»; es decir, el cuerno del Unicornio, tenía el poder. En la antigua China, como, ya hemos indicado, era utilizado como afrodisíaco y servía para confeccionar una triaca contra los venenos. En las civilizaciones europeas y árabe, se le atribuían también toda clase de propiedades mágicas y medicinales. Se decía que los botas hecha con su cuero conservaban sanas las piernas y preservaban de las epidemias. La lepra podía se tratada con una poción de yema de huevo e hígado de Unicornio. Pero el cuerno era el más útil de todos sus miembros. Quienes bebían en él se libraban de la epilepsia y de las dolencias estomacales, y, por supuesto, neutralizaba los venenos.

Durante siglos, todo el mundo había reconocido su eficacia. Los árabes incrustaban trozos de cuerno en los cuchillos que empleaban en sus comidas, en la creencia de que si estaban envenenadas, un leve sudor delator cubriría la hoja metálica. Por tales motivos reyes y príncipes renacentistas, en una época en que el riesgo de morir envenenado era tan grande como constante, pagaban por él precios altísimos y utilizaban copas fabricadas con «cuerno de Unicornio» —probablemente cuernos de narval o de rinoceronte— como protección contra las pócimas mortales. Se creía que el cuerno es presencia de cualquier tóxico cambiaba de color y destilaba una especie de antídoto, y que jamás de los jamases un insecto venenoso —un escorpión, por ejemplo— se

Según una leyenda medieval, la única forma de capturar un unicornio consistía en hacer que reposase la cabeza en el regazo de una virgen (archivo del autor)

Unicornio (manuscrito francés del siglo XV; archivo del autor)

atrevería a pisar una raya trazada con él. Cualquier planta o animal nocivos situado en sus proximidades, fenecían sin remedio.

«No es preciso añadir que un cuerno dotado de tales propiedades se pagaba a precio de oro.» El viajero alemán Paul Hentzner aseguró haber visto entre las joyas de la reina Isabel I de Inglaterra (siglo XVI) uno de esto supuestos «cuernos de Unicornio», valorado en 100.000 libras de la época, lo que suponía —caso de ser cierto— una cifra astronómica.

Durante mucho tiempo monarcas y poderosos, enviaron a guerreros y mercaderes a remotas tierra para conseguir cuantos «alicornios» pudieran. El mito clásico, de esta suerte, pasó a integrarse en el mundo de lo mercantil y de lo práctico. La medicina popular, contaba con la ayuda inestimable que le brindaba el cuerno. Una lista de «medicamentos obligatorios», es decir que, bajo ningún concepto debían faltar en las farmacias londinenses (1741), incluía todavía el «alicornio».

Dado lo difícil y costoso que era conseguirlo, hubo que recurrir —por parte de elementos desaprensivos— a «sustitutos», «sucedáneos» y vulgares «falsificaciones», de las que nos ocuparemos en la última parte de nuestra obra.

En la actualidad, en algunos puntos de los Ancares leoneses se emplea una pieza ósea para curar determinadas afecciones o para proteger al ganado contra las alimañas, y aunque tal práctica va cayendo en desuso, aún quedan personas de avanzada edad que poseen un hueso rojizo —tal vez de algún animal ajeno a la fauna autóctona— heredado de generación en generación, al que denominan «alicornio» y otorgan ciertas propiedades benéficas.

Por supuesto, no todos los Unicornios eran iguales; unos eran más grandes que otros o presentaban particularidades que los diferenciaban claramente.

Este mítico animal da su nombre a la constelación situada entre el Can Mayor, el Can Menor, Orión e Hidra.

Véase: Camphurch, Sinruch, Uletif.

V

VALKIRIAS, Las. Su nombre viene a significar en las lenguas primitivas germánicas «las que eligen a los muertos». Aunque hay algunas divergencias sobre su número y aspecto en las leyendas de Austria, Alemania o Inglaterra, en la mitología escandinava se afirmaba que se tra-

Una bella valkiria amazónica (del film *The Viking Queen*, Don Chaffey, 1967)

taba de tres vírgenes guerreras, que elegían a los que debía caer en los combates, los montaban en sus caballos y los llevaban al paraíso de Odín (o Valhalla).

La techumbre de tan épico lugar era de oro puro y estaba iluminado por brillantes espadas, que hacían de lámparas. Todo el día los valientes guerreros se dedicaban a ejercitarse en el manejo de las armas y a guerrerar amistosamente; si alguno moría, resucitaba acto seguido y todo seguía igual. También se celebraban suntuosos banquetes divinos en los que las Valkirias servían a los valientes grandes trozos de cierto cerdo o jabalí inmortal, cuya carne jamás se acababa, ya que resucitaba continuamente y grandes cantidades de cerveza e hidromiel en los cráneos de sus enemigos.

En caso de algunas pasajeras indisposiciones, los anglosajones las invocaban con determinados conjuros, para lograr su curación o, al menos, un cierto alivio. Tal vez, por eso, con el paso del tiempo y bajo el influjo del cristianismo, el nombre de Valkiria acabó perdiendo su antiguo significado, confundiéndose con el de una vulgar bruja. Se tienen noticias de inocentes mujeres que en la Inglaterra medieval fueron condenadas a la hoguera, bajo la peregrina acusación de ser Valkirias, es decir, brujas.

Véase: Amazonas, Nornas, Sarimmer.

W

WONDJINAS o WANDJINAS. En algunas zonas de Australia abundan las pinturas rupestres, entre las que destacan ciertas figuras de aspecto más o menos humano, pero carentes de boca y cabeza dentro de lo que parece un círculo. Fueron descubiertas en la región montuosa de Kimberley (Australia occidental), en cuyas cuevas existen sorprendentes galerías de retratos. Los nativos les dan este nombre, «y afirman —según Faber Kaiser— que son las únicas pinturas no realizadas por ellos, por los de su raza. Son para ellos extraordinariamente sagradas y subrayan que la ausencia de boca que se aprecia en ellas es algo común a todas las wondjinas… lo que es cierto es que los aborígenes dicen que fueron trazadas por los propios seres a quienes representan, cuando éstos estaban en la tierra, volviendo luego al cielo…»

Vinieron de no se sabe dónde (del cielo o de las aguas) y trajeron la verdadera cultura a la Tierra, enseñando a los primitivos hombres las ciencias y las artes, y dándoles unos principios religiosos («que es lo mismo —en palabras de R. Benito Vidal— que decir que les dotaron de una conciencia o relación con respecto a un ser superior, poderoso y supremo»). También les iniciaron en la agricultura y otras actividades útiles.

Leyendas sobre misteriosos civilizadores, las encontramos en todos los lugares, épocas y culturas del planeta. Cumplidas su misión —o cuando el fracaso es rotundo— los extraños educadores, desaparecen. Ya que sobran testimonios y pruebas al respecto, no deseamos extendernos más.

Según los nativos, fueron dibujados por otra raza. Desde luego, la técnica de ejecución y el empleo de cierto pigmento azulado, que no es utilizado por ellos, parecen indicar como autores de las representaciones a un pueblo «no australiano»... «Las figuras retratadas —hace notar Andrew Tomas— en las cuevas de Kimberley presentan tocados o círculos luminosos alrededor de la cabeza, pero carecen de boca. Tienen sandalias en los pies, y esto en un país donde los indígenas caminan descalzos...»

Se supone que tales imágenes pretenden representar a los primeros hombres. Es de notar que tienen tres o siete dedos en la mano y otros tantos en los pies; las «wondjinas» se relacionan con las representaciones de la «Serpiente del Arco iris» (también en Kimberley). La «Serpiente del Arco Iris» es una de las expresiones que los aborígenes usan para hacer mención de épocas remotas, que ellos llaman «el tiempo de los sueños».

Tal vez por casualidad, o de alguna manera, leyendas y símbolos similares aparecen en ciertas zonas del continente americano, siendo especialmente abundantes en las culturas inca y maya (cerámicas y otras representaciones).

Véase: Oannes, Orejona, Pájaro de Trueno, Serpiente Emplumada.

X

XANAS, Las. Se trata de seres fabulosos pertenecientes a la mitología y el folklore asturianos. Se trata de una especie de Ninfas o Hadas que pueden contemplarse junto al lecho de los ríos mientras peinan sus cabellos o entonan canciones. Las Xanas están claramente emparentadas con otras figuras similares que aparecen en las mitologías de los pueblos célticos.

Véase: Ninfas.

XOLOTL. Según la mitología azteca, el alma —tras la muerte—, tenía que soportar y pasar durante cuatro años unas pruebas muy duras: vencer a una serpiente y a un cocodrilo, cruzar ocho desiertos y otras tantas colinas, padecer vientos helados y atravesar el río Chignaguapán, de ancho cauce, para lo cual le guiaba el perro Xolotl. Superadas las empresas, el alma del difunto entregaba sus ofrendas al dios de la muerte, Mictlantecuhtli, quien le enviaba a la región del «Más Allá» que, por su condición y circunstancias, le correspondía.

Véase: Cerbero, Garmr.

Y

YEGUAS DE GLAUCO, Las. De acuerdo con el mito griego, Glauco era hijo de Sísifo y Mérope y padre de Belerofonte.

Sentía gran afición por los caballos y las carreras de carros, y cierto día, desoyendo los mandatos de Afrodita, decidió que sus yeguas —animales famosos por su resistencia y celeridad— no criasen para así ser más briosas que sus competidoras en las carreras. Sin embargo, al sentirse menospreciada, la diosa se enfadó. Tras obtener el consentimiento de Zeus, tramó un terrible castigo; llamó a las yeguas a las que alimentó con cierta hierba llamada «hipomanes» y las hizo beber agua de un pozo que le estaba consagrado.

Poco después, Glauco unció las yeguas a su carro, y éstas se desbocaron como resultado del sortilegio realizado por Afrodita, derribaron el carro y arrastraron el soberbio Glauco para, finalmente, devorarlo vivo.

YENUN, Los. Los tuareg, de religión islámica, pero con creencias animistas, creen que en ciertas zonas arenosas o montañosas del Sahara, habitan los Yenun (cuyo gran señor es Abu Mared). Se trata de espíritus perversos, «que aguardan entre las grietas de las rocas —así los describe Antonio Picazo en un interesante artículo— o entre las som-bras de las dunas para causar el mal a todas las gentes que llegan a sus solitarias posesiones».

Si están de relativo buen sentido del humor, tal vez se conformen (y aquí tenemos un nuevo caso de «entidad maligna-traviesa») con maltratar un poco a las caravanas, permitiéndolas proseguir su viaje sin más contratiempo que un buen susto. Pero si Abu Mared, su señor y jefe, está malhumorado —lo que ocurre con bastante frecuencia—, pueden alterar el sentido de orientación de los viajeros, nublando su raciocinio y la memoria de las rutas, llevándoles hasta lugares yermos o peligrosos, sin posibilidad alguna de encontrar agua y víveres, extraviándoles, por lo que, desorientados, perecen sin remedio. Estos espíritus maléficos suelen moverse por donde menos se espera, aunque los «hombres azules» creen que pueden localizarse en los parajes más desolados.

El origen de los Yenun, no muy claro, parece remontarse a la noche de los tiempos. Normalmente, los tuareg procuran no hablar de ellos; pero basta su sola mención durante la ceremonia del té, por ejemplo, o cualquier otra actividad colectiva, para crear desazón y hacer que nadie se encuentra a gusto allí.

Ante tales amenazas no les queda a estos nómadas más recurso que protegerse, llevando colgadas del cuello una o varias bolsitas de piel de cabra con muy diversas amuletos —a los que denominan «gris-gris»—, y algunas frases del Corán, junto con jaculatorias en «tamahaq», su lengua vernácula.

Véase: Djinns, Kel Essuf, Rul.

YETI, El. No existe en el mundo sistema medianamente importante de montañas donde no circulen relatos acerca de extrañas criaturas de aspecto humano y de andar indeciso: sus huellas resultan demasiado grandes para ser de cualquier hombre. También se habla de lugares y poblaciones aislados, sumidos en el pánico, debido a un monstruo que responde a nombres diversos.

En el Himalaya le llaman Yeti. En otras partes de Asia, desde el desierto de Gobi, en el norte, hasta Assam, en el sur, se le conoce con los nombres de «Meti», «Shookpa», «Migo» o «Kang-Mi». En ciertos lugares de Rusia y Siberia le llaman «Almasti». Los habitantes de las remotas zonas forestales del noroeste de América del Norte le conocen como «Bigfoot», y en las vertientes de las Rocosas canadienses se le da el nombre de «Sasquatch».

Los nombres varían, pero las descripciones coinciden: elevada estatura, en ocasiones, más de tres metros; gran corpulencia, se le calcula un peso de 150 kilos; aspecto velludo y parecido a un gran mono, aunque camine sobre dos piernas en posición erecta; en definitiva, se trataría de una especie desconocida.

Existe la hipótesis de que el Yeti, caso de existir, podría descender del «Gigantopithecus», gran mono prehistórico cuyos restos fueron descubiertos por el paleontólogo holandés Ralph von Koenigswald. En los «años treinta», halló en Asia dientes que pudieron haber pertenecido a esta especie, supuestamente extinguida, cuya estatura oscilaría entre 3,35 y 3,96 metros.

Se argumenta que estos monos gigantes no pudieron sobrevivir junto al hombre en terrenos boscosos y hubieron de refugiarse en las más remotas montañas, aclimatándose al nuevo ambiente para huir del exterminio. Conviene no olvidar el actualísimo caso del gorila de montaña («Gorilla gorilla beringei»), acosado por cazadores furtivos, o víctima de los enfrentamientos entre etnias locales, está comenzando a cambiar su hábitat de las montañas de África central, escogiendo lugares más elevados, aunque esto haya supuesto la muerte de algunos ejemplares jóvenes o enfermos, debido a que las temperaturas son notablemente más bajas y escasea la comida.

Acerca de su posible existencia, abundan partidarios y escépticos, aunque éstos últimos no han conseguido explicar satisfactoriamente la posible presencia de seres semejantes no sólo en Asia, sino en América, y en ciertas zonas de Europa y África: se ha especulado que podría tratarse de grandes osos o de un invento de los naturales de la región (en todos los lugares citados no existen grandes osos) para disuadir a visitantes poco deseados (argumento que posee escasísima consistencia).

Las primeras noticias sobre el Yeti (o Abominable Hombre de las Nieves), sin perjuicio de leyendas procedentes de otras latitudes, llegaron a Europa hacia 1832, cuando B. H. Hodgson, residente británico de la corte nepalí, contó en un artículo cómo sus porteadores habían huido espantados ante la vista de un ser que coincidía con las habituales descripciones, aunque formuló la reserva de que si no se trataba de un orangután, bien podría ser algún otro gran mono.

El nombre de Yeti («Ye Teh», en el dialecto de los Himalayas) se mencionó por primera vez hacia 1880 en una obra del doctor L. A. Waddell, médico militar británico, quien observó unas sorprendentes huellas en las nieve a 5500 metros de altitud (nos cuesta imaginarnos

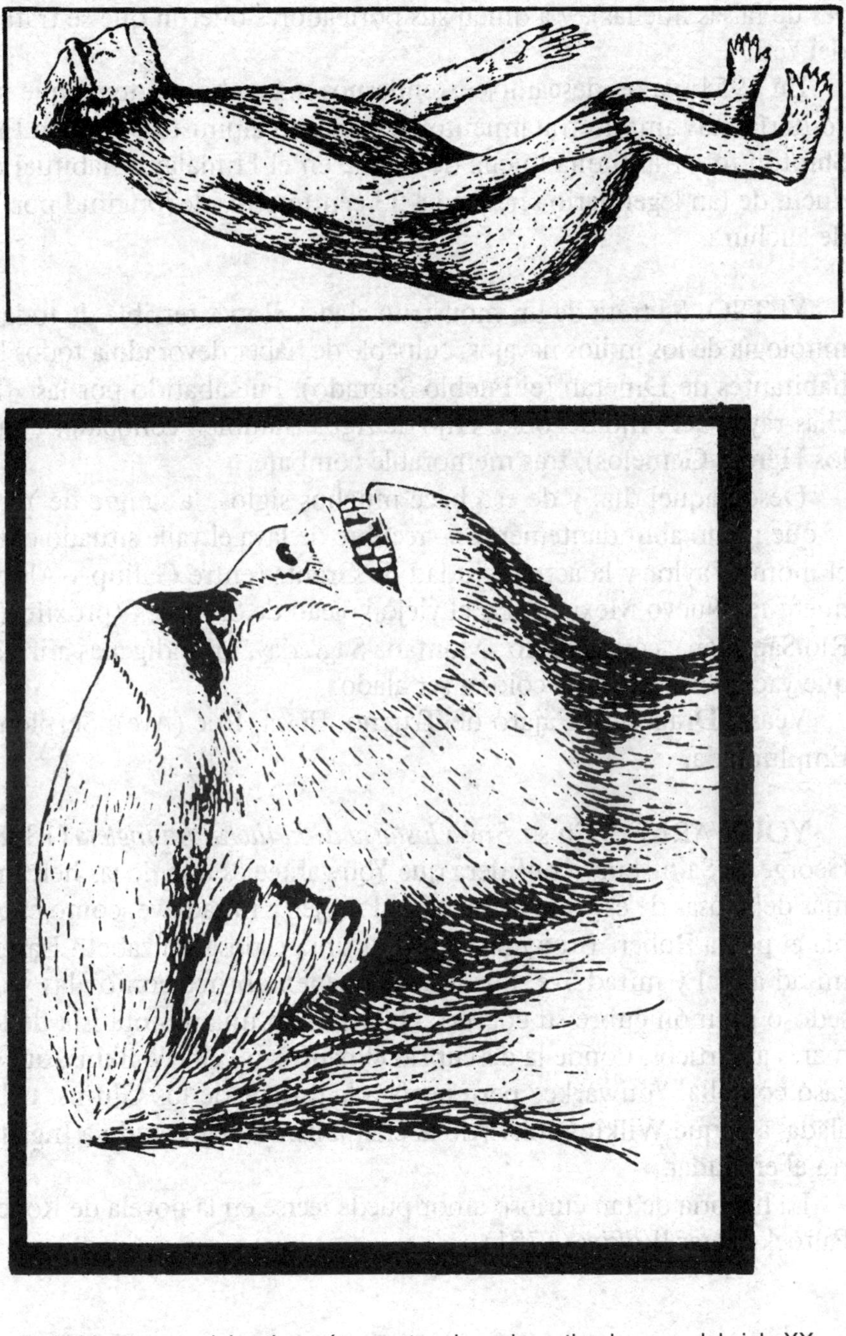

Probable aspecto del yeti, según apuntes de un investigador ruso del siglo XX

a un farsante en semejantes condiciones sembrando las perpetuas nieves de falsas huellas), y a quien sus porteadores dijeron que se trataba del Yeti.

En 1951, ya no deseamos extendernos más sobre un tema que necesitaría más amplio tratamiento, el veterano alpinista británico Eric Shipton fotografió una huella de un pie en el Himalaya, habitual reducto de tan legendario ser: medía 33 centímetros de longitud por 20 de anchura.

YETSO. Se trata de un monstruo alado, el más terrible de toda la mitología de los indios navajos, culpable de haber devorado a todos los habitantes de Dinetah (el Pueblo Sagrado). Fue abatido por las «flechas-rayo» del Hijo del Sol e Hijo de Agua (también conocidos como los Héroes Gemelos), tras memorable combate.

Desde aquel día, y de eso hace muchos siglos, la sangre de Yetso —que manó abundantemente— recubre de lava el valle situado entre el monte Taylor y la actual ciudad de Grants (entre Gallup y Albuquerque, Nuevo México). En el viejo volcán de Shiprock (próximo al Río San Juan), considerado «Montaña Sagrada», los indígenas afirman que yacen los restos del colosal ser alado.

Véase: Dragones, Pájaro de Trueno, Piasa, Roc (Ave), Serpiente Emplumada.

YOUWARKEE. En su *Breve historia de la literatura inglesa* (1898), George E. Saintsbury considera que Youwarkee es una de las heroínas más deliciosas de esa literatura. Mitad mujer y mitad ave, como escribía el poeta Robert Browning de su difunta esposa, Elizabeth Barret, mitad ángel y mitad ave. Sus brazos pueden abrirse como alas y un sedoso plumón cubre su cuerpo. Habitaba en una remota isla de los mares antárticos, donde la descubrió el naufrago Peter Wilkins, que se casó con ella. Youwarkee pertenecía a la estirpe de los Glums, tribu alada, a la que Wilkins convirtió al cristianismo, regresando a Inglaterra al enviudar.

La historia de tan curioso amor puede leerse en la novela de Robert Paltock, *Peter Wilkins* (1751).

Z

ZARATÁN. Monstruo marino propio de las fábulas árabes es el Zaratán, protagonista de un cuento que ha recorrido las literaturas y los folklores. Se trata de la archiconocida narración de los navegantes que desembarcan en una isla sin nombre, isla que luego se sumerge y los ahoga, porque está viva, siendo quizás uno de los cuentos más conocidos del Medievo. Por un lado se la encuentra en la leyenda irlandesa de San Brandán (o San Brandano), en la que el enorme pez lleva el nombre de Bestia Jasconios, nombre —por cierto— bastante curioso para un pez. Le volvemos a encontrar en el bestiario griego de Alejandría, y posteriormente en los relatos de *Las Mil y Una Noches.*

Así se lee en el Primer Viaje de Sindbad el Marino (noche 538 y 539):

> …Seguimos nuestro viaje hasta llegar a una isla que parecía un jardín del paraíso. El capitán de la embarcación mandó anclar, y así lo hicieron los marinos y todas las personas que iban en el buque desembarcaron en la isla; construyeron hogares, encendieron fuego en ellos y se dedicaron a varias ocupaciones.
>
> El capitán del navío, mientras que nosotros nos esparcíamos, permaneció en pie a la orilla del mar. De pronto chilló con su voz más fuerte: «¡Pasajeros! ¡Salvaos! ¡Corred! ¡Embarcad de prisa en la nave y abandonad vuestras cosas! ¡Salvad vuestras vidas! La isla que estáis no es tal isla: es un pez enorme, que se ha parado en medio del mar…»
>
> Los pasajeros, al oír las palabras del capitán, corrieron y se precipitaron por subir al navío…, y unos consiguieron llegar a la embarcación y otros no, pues la isla se movió, descendió a las profundidades del mar con todos los que aún quedaban encima de él, y luego el agitado mar y las tumultuosas olas se cerraron sobre sus lomos.…

Sin embargo, hay una notoria diferencia: en el caso de la leyenda del navegante irlandés, el peligro lo representa la ballena, «astuta en el mar», que maliciosamente embauca a sus víctimas. En las aventuras y desventuras de Sindbad, suele ser una especie de tortuga gigante. El cosmógrafo Al-Qarwini, en su libro *Las maravillas de las criaturas,* explica: «En cuanto a la Tortuga Marina, es de tan desaforada grandeza que la gente del barco la toma por una isla».

Además dc la mencionada literatura, figuran estas invenciones en el Sexto canto del *Orlando Furioso* de Ludovico Aristo (1530); en la *Historia de las Naciones Septentrionales* (1555) del prelado sueco Olaus Magnus, y en el Primer Canto del inmortal poema de John Milton, *El paraíso perdido,* en el que se compara al yerto Satán con una gran ballena que duerme sobre la espuma noruega.

Resulta paradójico que una de las primeras versiones de la leyenda del Zaratán la refiera para negarla. Así consta en el *Libro de los Animales* de Al-Yahiz, zoólogo musulmán de principios del siglo IX. Miguel Asín Palacios, el famoso arabista, la ha vertido al español con estas palabras: «En cuanto al Zaratán, jamás vi a nadie que asegurase haberlo visto con sus ojos. Algunos marineros pretenden que a veces se han aproximado a ciertas islas marítimas y en ellas había bosques y valles y grietas y han encendido un gran fuego; y cuando el fuego ha llegado al dorso del Zaratán, ha comenzado éste a deslizarse (sobre las aguas) con ellos (encima) y con todas las plantas que sobre él había, hasta tal punto, que sólo el que consiguió huir pudo salvarse. Este cuento colma todos los relatos más fabulosos y atrevidos».

Véase. Bestia Jasconios, Gran Tortuga Marina, Kraken, Moby Dick.

EPÍLOGO

Tras pasar muchos años en el Extremo Oriente el veneciano Marco Polo, escribía sobre la desagradable, aunque lucrativa industria, que había visto en Sumatra: «También quiero que sepaís que los pigmeos que algunos viajeros aseguran traer de la India son una mentira y un engaño, porque yo puedo deciros que esas criaturas, a las que llaman hombres, son fabricadas en esa isla, y os diré cómo…»

Consistía el truco en la ingeniosa manipulación de cadáveres de pequeños monos…, aunque en realidad, lo de «dar al cliente lo que éste pide», nada tenía de nuevo por aquel entonces, y al público —dispuesto a dejarse engañar y, por supuesto, a pagar— siempre le han encantado los «monstruos» y «bichos raros», aunque sean falsos…

Los europeos del siglo XVI se sentían atraídos por los Dragones y «dragones» les daban, confeccionándolos mutilando una especie de lagarto volador importado de lejano Oriente, pero más frecuentemente con el flexible esqueleto de cierta variedad de raya, conocida como «guitarra» *(Rhinobatus parduratus)*, pez plano de forma romboidal. En su estado natural, las barrigas de estas rayas y de otras variedades comunes presentan rasgos que tiene algún perecido con un rostro humano. Convenientemente relleno, añadiéndole una columna vertebral erizada de espinas, tras ser puesto a secar al sol, el conjunto pasaba por una auténtica «cría de dragón»…, aunque —lamentablemente— muerta…

Tales monstruos de pacotilla, con los que se traficó hasta bien entrado el siglo XIX, eran apodados «Jenny Anivers» o «Jenny Anvers» (derivado del puerto de Amberes, donde se llevaba a cabo este tráfico), haciéndolo pasar bien por pequeños dragones o por ejemplares del temido Basilisco.

Es bien notorio el interés que durante siglos suscitó el «alicornio» o cuerno del Unicornio, interés que mantuvo hasta bien entrado el siglo

XVIII (aun cuando científicos de épocas anteriores como Caspar Bartholomius, Thomas Browne o Ambroise Paré, ya había dubitado o negado sus virtudes), cuando la Sociedad Londinense de Boticarios acabó por reconocer «oficialmente» su ineficacia como sustancia preventiva o curativa.

Mientras tanto, como ya hemos visto, tales cuernos se pagaban a precio de oro, recordemos el astronómico precio del que poseía la reina Isabel I de Inglaterra, aunque lo más probable —como hemos apuntado— se trataría de un colmillo de narval, pequeño cetáceo que habita en los mares polares del hemisferio Norte, y aunque bastante raro, era menos difícil de conseguir.

Naturalmente, no tardaron en surgir engaños, desde los más burdos: «yeso, jabón y acaso con tierra y algo de piedra…», hasta los más ingeniosos, ya que según se daban nuevos sistemas para reconocer las mixtificaciones, los comerciantes desaprensivos —especialmente venecianos—, daban otro «paso hacia delante», y así sucesivamente, lo que venía a ser el cuento de «nunca acabar».

Junto con las falsificaciones, surgieron toda clase de sustitutos y sucedáneos, como los ya citados narval o el orix de Arabia, sin contar determinadas restos paleontológicos a los que no era posible encontrar una explicación.

«A través de los tiempos, las diversas anomalías en la configuración clásica del hombre han sido consideradas como objeto de admiración y objeto de terror —escribe Ramón Hervás—. La tradición nos enseña que no solamente algunos pueblos se jactaban de su origen animal, sino que ciertas familias buscaban en los símbolos animales el distintivo de su propio estandarte.»

Pese a la abundancia de cerdos en la antigua China, durante algún tiempo sólo los soberanos podían comer su carne. Caribes y zulúes compartieron antiguamente la aversión de judíos y musulmanes a la carne de puerco, aunque por otras razones: los primeros temían que sus ojos se hicieran pequeños y porcinos, y los segundos por el temor de que sus descendientes fueran confundidos con vulgares suidos.

Hasta el actual siglo, hombres y mujeres cultivados acudían en China a los fabricantes de monstruosidades. Los dignatarios para alargarse y retorcerse las uñas desmesuradamente, y demostrar así que no se denigraban ejerciendo trabajos manuales; las jovencitas de buena familia eran llevadas a la fuerza, casi siempre, por sus mayores para reducirles el tamaño de los pies, por estimarlo elegante y distinguido. En Birmania e Indochina se llevaban los «cuellos de jirafa», obtenidos por las más encopetadas damas mediante la utilización de unos terribles collares que, tras varios años, acababan alargando su garganta unos cuantos centímetros… ¿Y qué podríamos decir de aquellos corsés usados por las civilizadas mujeres americanas y europeas para lucir el famoso «talle de avispa»?

Los monstruos de Herbert G. Wells *(La isla del doctor Moreau)* y los «compradores de niños» de la novela de Victor Hugo *(El hombre que ríe)* han satisfecho siempre los gustos perversos de sus compradores… De ahí a las más vituperables falsificaciones, no había más que un paso; en ocasiones, se trataba sólo de sacar dinero a los incautos, que a menudo se dejaban timar, y además, se sentían satisfechos de enseñar a sus amistades y parientes sus «rarezas», trucos inofensivos, la mayor parte de las veces. Sin embargo, y esto es lo terrible, seres humanos y animales eran intencionadamente deformados a costa de padecimientos sin cuento, y que, por respeto al lector, renunciamos a describir.

En 1577, en Willisau (cantón de Lucerna) salió a la luz un esqueleto cuyos huesos eran tan enormes que sorprendieron a todo el mundo. Los más autorizados anatomistas, entre ellos el doctor Félix Plater, de Basilea, dictaminaron que —contra el parecer de algunos estudioso— se trataba de un gigante de 5,80 metros de altura, como mínimo, por lo que se le bautizó como «El Gigante de Lucerna» y sus restos exhibidos en un salón del Ayuntamiento… A principios del siglo XIX, sin embargo, éstos fueron detenidamente examinados por el profesor J. F. Blumenbach, anatomista de la Universidad de Gotinga… y resultaron pertenecer a un vulgar mamut, muy poco digno de lugar en que se conservaban.

A principios del siglo XVII se descubrió un extraño sepulcro en las inmediaciones del castillo de Chaumont (San Antoine, Alto Marne) con inscripciones góticas, en las que podía leerse *Teutobochtus Rex*, y algunas monedas y medallas, en apariencia, muy antiguas, lo que no dejaba la menor duda: se trata de la tumba del fornido rey de los cimbrios, pueblo germánico, que invadieron la Galia y fueron derrotados por Mario en el 101 a. C. «Cuando se levantó la lápida —así lo narra Kolosimo—, los espectadores quedaron sin respiración: ¡El esqueleto tenía una altura superior a los 7,60 metros!»

Un tal doctor Mazurier, que vivía no lejos de allí, aprovechó la ocasión para tras entregarse a sesudas reflexiones, escribir una monografía sobre el hallazgo, que le dio cierta notoriedad, pese a las polémicas que suscitó entre diversos especialistas. Quiso la fatalidad que en las inmediaciones del lugar fuesen hallados otros restos semejante, lo que dio al traste con tal enredo: el propio Mazurier hubo de confesar que había aprovechado los restos aquellos (en realidad, se trataba de un mastodonte, hoy en el Museo de Paleontología de París) para «fabricar» la tumba y obtener fama y dinero.

A mediado del siglo XIX, el empresario norteamericamo Phineas T. Barnum, creador del mayor circo ambulante de su tiempo, inauguraba en Nueva York la temporada de su «The Greatest Show of Earth», presentando nada menos que… ¡una auténtica sirena! Al parecer habría sido capturada por un pescador chino quien la vendió por 1500 dólares al capitán de un mercante inglés, William Gades, el cual la exhibió en su país, siendo —por cierto— muy visitada. Finalmente, Barnum la adquirió por una fuerte suma y, con el nombre de «La Sirena de Feejee» la exhibió algunas semanas… hasta que cayó en la cuenta de que, en realidad, la sirenita era el resultado de coser parte del cadáver de un pequeño mono y una cola de pez (todo ellos de unos 60 centímetros de altura), con aspecto de momia, lo que pone en evidencia una vez más, la asombrosa facilidad que poseen los fanáticos convencidos de las existencia de ciertos seres de dejarse engañar (en ocasiones a sabiendas) por tan burdos fraudes. La sirena, en cuestión, se parecía bastante a las que solían fabricar los pescadores nipones para luego vendérselas a crédulos o extravagantes.

La lista de falsificaciones y burlas podría ser muy larga, por lo que no deseamos extendernos. Llegado el momento de la despedida, nos hemos tomado la licencia de referirnos al célebre «eslabón perdido».

Recordemos el célebre caso del «Hombre-Mono de Sumatra» —hipotético enlace entre el simio y el hombre—, hasta que en 1932 se comprobó que se trataba de un «lotong» (especie de primate local), convenientemente rasurado y con los pómulos aplastados para confe-

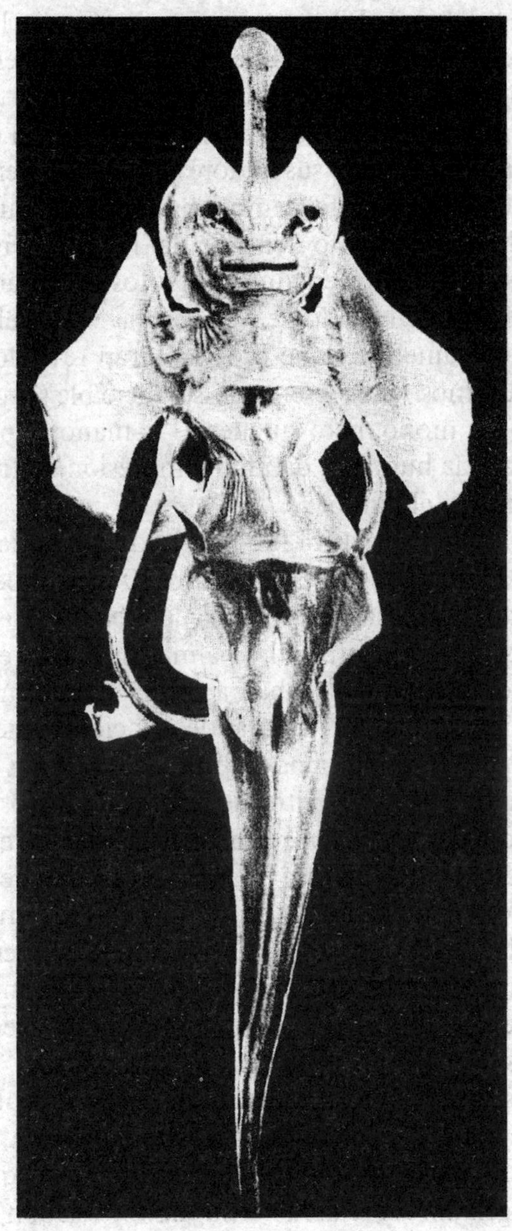

Falso monstruo marino «fabricado» a partir de una raya, a la que se le recortan las enormes aletas (revista *Mundo desconocido*, nº 3, agosto de 1976)

rirle cierto aspecto humano, por no mencionar el mucho más conocido fraude del «Hombre de Piltdown», que afectó entre los años 1908 a 1953 a numerosos expertos del Museo Británico, convencidos de que se trataba del «auténtico eslabón perdido».

Los tiempos más recientes y sus avances científicos, si bien han sido duros con las mixtificaciones y sus fautores, no consiguieron erradicarlos totalmente; tanto en cuanto siempre hay gente dispuesta a dejarse engañar (recordemos el cuento del traje del rey, sólo visible ante los ojos de los listos y probos), y encima contentos de pagar por ello. Tal fue el caso del «Hombre Helado de Minnesota», sobre el que durante años se discutió vivamente y que provocó gran revuelo cuando fue exhibido en los últimos «años sesenta». Este increíble ser estaba cubierto de piel como un mono, pero su cuerpo —manos y pies, que es lo importante— parecía humano, dando la impresión de tratarse de «un cruce entre el simio y el mono».

Enseguida la extraña criatura fue bautizada y clasificada. «Bozo», denominado el «Homo Pongoides», medía 1,80 metros de altura, musculoso, cuellicorto, brazos largos y manos de espátula. Sus pies medían 25 centímetros y, salvo el rostro y las palmas de ambas extremidades, estaba cubierto de pelos que llegaban a medir 10 centímetros. Su aspecto parecía coincidir bastante con las descripciones que sobre el Yeti y sus parientes han venido haciendo numerosos testigos oculares.

En diciembre de 1968 el escritor de temas científicos Ivan T. Sanderson, que residía en Nueva Jersey, fue avisado de que en una población de Minnesota, en una barraca de feria, propiedad de un tal Frank D. Hansen, se exhibía un supuesto «hombre de las cavernas» conservado en un gran bloque de hielo. El 17 de aquel mes, Sanderson y el zoólogo belga Bernard Heuvelmans, famoso especialista en monstruos marinos, pretendieron adquirirlo, pero Hansen no aceptó, aunque permitió —a disgusto— que obtuvieran algunas fotos.

El feriante les contó cómo el cadáver había sido descubierto dentro de un bloque de hielo a la deriva en las costas de Siberia, aunque posteriormente añadió que él mismo había dado muerte a aquel ser y posteriormente congelado. En realidad el supuesto «eslabón perdido» parecía presentar impactos de bala, lo que planteó serios problemas sobre su muerte y conservación al especialista Jack Arthut Ullrich, de

Westport (Connecticut), quien mantenía que era prácticamente imposible, tanto en cuanto se precisaba un frío intensísimo, artificial, no existente en la naturaleza, y por lo demás, la muerte de «Bozo» parecía datar de unos pocos años atrás. Unos creyeron la historia y otros la negaron… Finalmente, el famoso «Homo Pongoides» resultó ser una superchería confeccionada en plástico, con habilidad digna de mejor causa.

No menor fortuna han tenido ciertos trucos fotográficos, como aquellos personajillos diminutos, alados y bailarines, que no se negaban a posar con la niña Elsie Wright, para ser retratada por sus parientes, que llegaron incluso a sorprender la buena fe del escritor padre de Sherlock Holmes.

Hace muy pocos años, una mujer británica, creyó haber hecho una buena inversión al adquirir por una módica suma un magnífico ejemplar de «trucha peluda»… que no era otra cosa que un vulgar ejemplar de «Salmo trutta», cubierta con piel de conejo.

BIBLIOGRAFÍA

Aldred, Cyril. *Los Egipcios* (prólogo de Dr. Luis Pericot), Orbis, Barcelona, 1986.

Almazán de Gracia, Ángel. «Guía de las leyendas sorianas», en *Revista de Soria* (núm. 4; primavera, 1994), Diputación Provincial de Soria.

Amo-Freixeidó, Magdalena del. *Los habitantes ocultos del Planeta,* Espacio y Tiempo, Madrid, 1991.

Benito Vidal, R. *El enigma del hombre americano*, Edicomunicación, Barcelona, 1993.

Bergier, Jacques. *El libro de lo inexplicable,* Plaza & Janés, Barcelona, 1974.

Berlitz, Charles. *300 fenómenos extraños,* Plaza & Janés, Barcelona, 1967.

Borges, Jorge Luis. y Guerrero, Margarita. *EL libro de los seres imaginarios,* en *Obras completas en colaboración,* vol. 1, Alianza. Madrid, 1967.

Bru, Margarita. «Iconografía y simbología de las serpientes de la España antigua», en revista *Historia-16* (núm. 148; agosto, 1988), información y Revistas, Madrid.

Caballero Martínez, Carmen. *Literatura española. De la Edad Media al Barroco,* Ingelek, Madrid, 1987.

Camino García, María y Santacana, Joan. *Los grandes imperios del cercano Oriente,* Compañía Europea de Comunicación e Información. Madrid, 1991.

Camus, William. *Leyendas de los Pieles Rojas,* Espasa Calpe, Barcelona, 1988.

Cardona, Francesc-Lluís. *Mitología griega,* Edicomunicación, Barcelona, 1987.

Caro Baroja, Julio. *Los Pueblos de España,* Datafilm, Madrid.

Caudet Yarza, Francisco. *Diccionario de Mitología,* A. L. Mateos, Madrid, 1994.

Cervantes Saavedra, Miguel de. *El ingenioso hidalgo Don Quijote de la Mancha,* Espasa Calpe, Madrid, 1981.

Charpentier, Louis. *El misterio vasco,* Plaza & Janés, Barcelona, 1976.

Cíclope, la incógnita del espacio, Cíclope, Barcelona, 1969.

D'Arbois de Jubainville, H. *El ciclo mitológico irlandés y la mitología céltica.* Edicomunicación, 1986.

Diccionario Enciclopédico Labor, Editorial Labor, Barcelona, 1965.

Diccionario Enciclopédico A-Z, Planeta Agostini, Barcelona, 1992.

Dinsdale, Tim. *El enigma del plesiosaurio del Lago Ness,* ATE, Barcelona, 1976.

Doreste, Tomás. *Grandes temas de lo oculto y lo insólito,* Astral Ediciones, Barcelona, 1976.

El Fisiólogo. Bestiario Medieval (introducción y notas de Nilda Guglielmi), Editorial Universitaria de Buenos Aires, Buenos Aires, 1971.

El gran libro de lo Asombroso e Inaudito, Selecciones del Reader's Digest, Madrid, 1980.

El Mundo de lo Desconocido. Todo sobre los fantasmas. (dirigido por Christopher Maynard), Ediciones Lagos, Madrid, 1979.

Enciclopedia Alfatemática, Cuántica Editora, Buenos Aires, 1978.

Enguix, Rosa. *El Antiguo Egipto,* Compañía Europea de Comunicación e Información, Madrid, 1991.

Eslava Galán, Juan. *Castillos de Jaén.* Caja Rural Provincial, Jaén, 1981.

Faber Kaiser, Andreas. *¿Sacerdotes o cosmonautas?,* Plaza & Janés, Barcelona, 1974.

Fernández Urresti, Manuel. «Oannes, el dios anfibio», en diario *Alerta* (edición de Valladolid), núm. del 9 de febrero de 1992.

Freixeidó, Salvador. *Los contactados,* Espacio y Tiempo, Madrid, 1991.

Galant, Armando. «El Unicornio y otras bestias curiosas».— «Dragones: los guardias del abismo».— «Faunos y Sátiros… ¿pura leyenda?».— «El reino de las sirenas», en distintos núm. de la revista *Más Allá.*

Galaviz, Juan Manuel. «Mito y realidad de Quetzalcóalt», en *Revista Historia-16* (núm. 29, setiembre, 1978), Madrid.

García Pérez, Guillermo. «Elfa. La mujer serpiente del Cantar de Mío Cid», *Revista de Soria* (núm. 4, primavera, 1994), Diputación Provincial de Soria.

Gómez Espelosín, Francisco Javier. «Viajeros de la Antigüedad». *Cuadernos de Historia-16* (núm. 218). Información y Revistas, Madrid, 1985.

Gómez Tabernera, José Manuel. *Prontuario de Historia de la Literatura Española.* Tesoro, Madrid, 1967.

Grau, Joaquín. «Oannes, el dios anfibio que vino del espacio», en revista *Más Allá.*

Hervás Marco, Ramón. *Los hombres-monstruo,* Bruguera, Barcelona, 1980.

Heuvelmans, Bernard. «Cómo he vencido a la Gran Serpiente de Mar», en revista *Horizonte* (núm. 11). Plaza & Janés, Barcelona, 1970.

Hutin, Serge. *Las civilizaciones desconocidas.* Plaza & Janés, Barcelona, 1976.

Kolosimo, Peter. *Tierra sin tiempo,* Plaza & Janés, Barcelona, 1969.

—. *Odisea estelar,* Plaza & Janés, Barcelona, 1969.

—. *No es terrestre.* Plaza & Janés, Barcelona, 1970.

—. *Astronaves en la Prehistoria,* Plaza & Janés, Barcelona, 1973.

La Sagrada Biblia, Editorial Católica, Madrid, 1963.

Las Mil y Una Noches, Planeta, Barcelona, 1968.

López Rubio, José. «Cleopatra, la sierpe del Nilo», en revista *Historia y Vida* (Extra, núm. 66), Barcelona.

Luján, Néstor. «La serpiente de mar, un tema veraniego», en revista *Historia y Vida.*

Melville, Herman. *Moby-Dick (La ballena blanca),* Orbis, Barcelona, 1984.

Müller, Max. *Mitología Egipcia,* Edicomunicación, Barcelona, 1990.

Niedner, Heinrich. *Mitología Nórdica,* Edicomunicación, Barcelona, 1990.

Novellana, Guillermo de. *La Serpiente de Mar,* Ediciones G. P., Barcelona, 1958.

Olmos, Ricardo. «Mitos y ritos en Grecia», en *Cuadernos de Historia-16* (núm. 127), Información y Revistas, Madrid, 1985.

Pauwells, Louis y Bergier, Jacques. *El retorno de los brujos,* Plaza & Janés, Barcelona, 1965.

Petronio. *El Satiricón,* Ediciones 29, Barcelona, 1969.

Picazo, Ángel. «Tuareg: los hombres azules del desierto», en revista *Más Allá* (núm. 64, junio, 1994).

Los poderes desconocidos. Selección de Reader's Digest de México, S. A. de C. V., Lisboa, 1992.

Poema del Mío Cid, Salvat Editores, Estella (Navarra), 1970.

Presedo Velo, Francisco J. «A la sombra de la Esfinge». *Historias del Viejo Mundo,* Historia-16, Información y Revistas, Madrid, 1988.

Ribera, Antonio. *El mar, ese mundo fabuloso,* Círculo de Lectores, Barcelona, 1968.

—«Monstruos marinos medievales y renacentistas», en revista *Historia y Vida* (núm. 42; setiembre, 1971).

Richepin, Jean. *Nueva mitología ilustrada,* Montesó, Barcelona, 1927.

Rodríguez de la Fuente, Félix. *La Aventura de la Vida. Crónica de Viajes* (dirigida por Joaquín Araujo), Ediciones Urbión, Madrid, 1982.

Seler, Eduard. *Comentarios al Códice Borgia,* Fondo de Cultura Económica, México, 1973.

Tomas, Andrew. *Los secretos de la Atlántida,* Plaza & Janés, Barcelona, 1971.

Verges Serra, Francisco. «Animales imaginarios», en revista *Historia y Vida.*

Verne, Jules. *Aventuras del capitán Hatteras,* Editorial Molino, Barcelona, 1953.

.— *La Jangada,* Barcelona, 1957.

Villaret, Bernard «Un nuevo dios en las Nuevas Hébridas», en revista *Horizonte* (núm. 3), Plaza & Janés, Barcelona, 1969.

Virgilio Marón, Publio. *La Eneida,* Espasa Calpe, Madrid, 1970.

Walker, Martin. *Anécdotas de la Historia* (revisada por el doctor Ballesteros Gaibrois), Edicomunicación, Barcelona, 1990.

—. *El misterio de los vampiros,* Edicomunicación, Barcelona, 1992.

—. *Hechos insólitos,* Edicomunicación, Barcelona, 1993.

White, Terry . «Los secretos del Minotauro», en revista *Historia y Vida.*

Wilkins, W. J. *Mitología Hindú,* Edicomunicación, Barcelona, 1987.

Prensa Española, en general.

Números sueltos de la *Enciclopedia Estudiantil Códex* y *Enciclopedia Estudiantil Superior Códex.*

AGRADECIMIENTOS

El autor expresa su agradecimiento por las ayudas recibidas en forma de consejos, aclaraciones o fotocopias de textos a:

—Círculo Catalán de Madrid

—Dirección General de Política Lingüística (Sección de Asesoramiento de lenguaje) de la Generalitat de Catalunya, Barcelona.

—Casa de Cantabria (Madrid).

—Centro Asturiano de Madrid.

—Hogar Vasco de Madrid.

—Embajadas de Australia y Brasil.

Agradecemos de manera muy especial las atenciones recibidas, en forma bibliográfica, fotocopias, permisos para utilizar determinados textos, material gráfico, etcétera a:

—D. Juan Eslava Galán (escritor, investigador y profesor).

—D. Antonio Arias Piqueras (periodista).

—D. Ángel Almazán de Gracia (escritor, periodista e investigador).

—*Revista de Soria* (Soria).

—Revista *Más Allá* (Madrid).

—Revista *Historia y Vida* (Barcelona).

✦OLIMPO✦

· TÍTULOS DE LA COLECCIÓN ·

1. **Mitología griega,**
Francesc Lluis Cardona

2. **Mitología romana,**
Francesc Lluis Cardona

3. **Leyenda y misterio de los aztecas,**
J. Tapia Rodríguez

4. **Mitología egipcia,**
W. Max Müller

5. **Mitos y leyendas de los mayas,**
R. R. Ayala

6. **Seres fabulosos de la mitología,**
Joseph M. Walker